Résilience et avenir des anciens territoires miniers

L'exemple de Loos-en-Gohelle,
Communauté d'Agglomération de Lens-Liévin

Sous la direction scientifique du Centre de Recherche sur les Relations entre le Risque et le Droit (C3RD), Faculté Libre de Droit, Université Catholique de Lille.

Ont vocation à être publiés dans cette collection, des ouvrages essentiellement universitaires, traitant des réactions de la société contemporaine face aux diverses sortes de risques. Ils peuvent appartenir aux disciplines juridiques, mais aussi économiques, de science politique, voire psychologiques.
Les risques envisagés peuvent être naturels ou technologiques, mais aussi sociaux, économiques, juridiques, politiques ou autres. Ils entraînent, selon leur nature, des réactions juridiques et sociales diverses allant du principe de précaution à la répression pénale, des mécanismes de stabilisation des marchés boursiers aux validations législatives, pour ne prendre que quelques exemples non exhaustifs.
Les ouvrages sont sélectionnés en fonction de leur originalité, de leur qualité scientifique, et de leur contribution au débat d'idées sur la place et le traitement du risque dans la société contemporaine. Dans le cas des thèses de doctorat, il sera exigé que le jury en ait autorisé la publication.
Les manuscrits seront adressés aux Professeurs Placide M. MABAKA et Françoise DEKEUWER-DEFOSSEZ, Laboratoire C3RD, Faculté libre de Droit, 60 Boulevard Vauban, B.P. 109- 59016 Lille Cedex.

Dernières parutions

A. MAZOUZ, E. GARDOUNIS et A. DUMERY, *Les évolutions contemporaines du préjudice*, 2019.
Bernadette DUARTE (dir.), *Les pratiques religieuses alimentaires : limiter le risque discriminatoire*, 2015.
Sylvie HUMBERT et Franck LUDWICZAK (dir.), *Juste victime dans le procès pénal*, 2015.
Lina WILLIATTE-PELLITERI (dir.), *La médecine à l'épreuve du risque pénal*, 2014.
Alexandre DUMERY (dir.), *Les antennes-relais*, 2013.
Sophie MOREIL et Franck LUDWICZAK, *La rémunération des dirigeants,* 2013.
discriminations religieuses en Europe : droit et pratique, 2012

Éric OLSZAK

Résilience et avenir des anciens territoires miniers

L'exemple de Loos-en-Gohelle, Communauté d'Agglomération de Lens-Liévin

L'Harmattan

5-7, rue de l'Ecole-Polytechnique, 75005 Paris

www.harmattan.fr

ISBN : 978-2-343-19110-2
EAN : 9782343191102

Preambule

Le présent ouvrage résulte d'un travail effectué par l'auteur entre 2012 et 2018 suite à un contrat de recherche conclu entre la ville de Loos en Gohelle d'une part et l'Université Catholique de Lille d'autre part. L'Université Catholique étant représentée par l'IDDR (l'Institut du Développement Durable et Responsable) et par le C3RD (Centre des Relations entre le Risque et le Droit), ce dernier étant le laboratoire de rattachement de l'auteur en Faculté de Droit. Au sein de ce laboratoire, un axe de recherche est entièrement consacré à la thématique de la vulnérabilité qui englobe celle des territoires.

Dans les faits, l'ensemble des territoires miniers à travers le Globe ont eu à subir de nombreux préjudices liés à l'abandon de l'exploitation charbonnière. Ces préjudices prennent un caractère multiforme, par exemple : une reconversion plus ou moins difficile de la main d'œuvre locale à la fermeture des mines de charbon ; une déstructuration du tissu urbain en lien avec la présence de grandes friches souvent laissées à l'abandon et pour finir une multitude de problèmes à la fois géologiques et hydrologiques affectant le territoire (affaissements miniers et pollution des nappes phréatiques). La ville de Loos en Gohelle, située dans un territoire plus vaste dénommé Communauté d'Agglomération de Lens-Liévin, plus connu sous l'acronyme de CALL, constitue un exemple particulièrement emblématique d'une ville qui cherche à promouvoir une image dynamique en intégrant fortement dans la mise en œuvre de ses politiques les principes du développement durable et de la troisième révolution industrielle. Dans cette optique, de nombreux travaux ont été réalisés en lien avec ce territoire en reconversion, les recherches effectuées par l'auteur lui-même originaire de Loos en Gohelle, la ville où il a grandi l'ont conduit à produire trois rapports ; (Olszak, 2014 ; 2016 et 2018). Ces trois rapports jusqu'alors non publiés portent respectivement suivant l'ordre chronologique sur :

— l'étude de l'attractivité d'un territoire, de sa durabilité et de la mise en place d'un indicateur synthétique d'attractivité durable connu sous l'acronyme d'ISACDAL ;

— l'étude du rôle joué par le site de la fosse 11/19 au sein de la démarche de Loos en Gohelle comme ville pilote à travers la mise en place d'un nouveau modèle économique ;

— l’étude de la promotion de la ville de Loos en Gohelle au sein de l’Agglomération de Lens-Liévin à travers l’utilisation du marketing du tourisme et plus particulièrement celui du tourisme durable.

Le présent ouvrage fait la synthèse de ces trois rapports en reprenant pour partie un certain nombre de chapitres qui y figurent afin de présenter différents aspects de la résilience d’un territoire minier en indiquant aux lecteurs quelques pistes possibles de stratégies futures de développement sur le long terme

Introduction generale

Il y a trente ans lors de la cessation d'activité du puit 11/19, le Maire de Loos en Gohelle officiant à cette époque, Monsieur Marcel CARON s'est battu pour éviter la destruction du chevalement par les HBNPC[1] comme cela se faisait sur les autres sites ayant cessé leurs activités depuis le début des années 1960. Bien que le site initial ait subi quelques transformations à partir de 1988 avec notamment la suppression de la passerelle reliant le carreau de fosse et l'un des terrils jumeaux, avec également la destruction de certains bâtiments de surface, certains projets de réaménagements furent évoqués durant cette période, l'un des plus audacieux mais qui n'a hélas pas connu de suite aurait consisté à faire du site du 11/19, une deuxième « Cité des Sciences et de l'Industrie » après celle existant déjà sur le site de La Villette à Paris.

Les années qui suivirent le renoncement au projet jusqu'à aujourd'hui ont vu le site se transformer avec l'accueil progressif de nouvelles structures comme Culture Commune, le CERDD (Centre de Ressource du Développement Durable), la Chaine des terrils et le CD2E (Centre de Développement des éco-entreprises), notamment. Dans le même temps, la mise en lumière du concept du développement durable depuis le 1 er Sommet de la Terre à Rio en juin 1992 et sa progressive déclinaison à l'échelle territoriale à partir de la deuxième partie des années 1990 et l'élection de Jean-François Caron sous l'étiquette des verts en mars 2001 ont contribué à faire du site du 11/19, une vitrine du développement durable à l'échelle de la commune et bien au-delà. De la même manière, l'ouverture du Louvre-Lens le 4 décembre 2012 et le classement du bassin minier au Patrimoine Mondial de l'Unesco au titre des sites en évolution constituent incontestablement des atouts supplémentaires pour un développement futur du site du 11/19. Des atouts sur lesquels nous allons revenir dans le courant de cet ouvrage.

Nous pourrions en fonction des différents éléments précités, imaginer déjà quelques projets d'aménagements futurs pour le site du 11/19, ce que nous ne manquerons pas de faire dans le présent ouvrage. Toutefois, même si une opération d'aménagement peut s'avérer originale lorsqu'elle émane d'esprits créatifs, ce fut le cas notamment lors de la création des villes nouvelles au début des années 1970 en France et à l'étranger, il n'en demeure pas moins

---

1 Acronyme signifiant Houillères du Bassin Nord Pas de Calais.

qu'elle s'appuie le plus souvent sur des concepts géographiques, sociologiques et économiques ayant fait l'objet d'une large diffusion. C'est dans cet esprit que nous envisagerons les possibles aménagements du site du 11/19 dans un futur proche. Pour cela deux éléments vont nous y aider : tout d'abord la déclinaison du principe de la Troisième Révolution Industrielle appliquée au Nord-Pas de Calais et aujourd'hui à celle des Hauts-de-France à travers l'élaboration du Master Plan mise en place par l'équipe de Jérémy RIFKIN en octobre 2013 après échanges avec les groupes de travail constitués dans la Région. Ensuite, avec la prise en compte du concept de résilience territoriale qui se définit dans le cas présent comme la capacité d'un territoire à se reconstruire après un choc important qu'il soit physique ou économique. Dans le cas présent, Loos en Gohelle correspond parfaitement à ces deux critères : à travers les séquelles laissées par l'exploitation minière et dont on ne sait pas avec exactitude jusqu'à quel point, elles impacteront à l'avenir certaines parties du territoire (on pense aux affaissements miniers, notamment !), on peut dans le cas présent parler de choc physique. Mais il nous faut parler également du choc économique que la ville de Loos en Gohelle et d'autres villes du Bassin Minier du Nord-Pas de Calais ont subi lors de la fermeture des puits de mines conduisant ainsi à la destruction de plusieurs centaines de milliers d'emplois sur une période de 30 ans.

Un taux de chômage plus élevé que la moyenne nationale ; une diminution de la population totale malgré un taux de natalité beaucoup plus élevé que partout ailleurs ; le départ d'une main d'œuvre qualifiée vers les grandes métropoles économiques comme Lille et Paris et pour finir la présence d'une population disposant de revenus modestes sont autant de témoignages de ce choc économique dont nous subissons encore aujourd'hui les conséquences !

Si l'on se focalise tout d'abord sur le Master Plan relatif à la problématique de la Troisième révolution industrielle (TRI) tel qu'il est apparu en octobre 2013[2], ce dernier se décline en 5 + 2 piliers, ces deux derniers ont fait l'objet d'un rajout suite à une volonté affirmée des autorités territoriales de les prendre en considération après discussion avec l'équipe de Rifkin. Il ne s'agit pas dans le cas présent de décrire dans le détail ces 7 piliers mais de les énoncer brièvement un par un en mettant en exergue le cas échéant, certains éléments existants déjà sur Loos-en-Gohelle, ainsi, on retrouve respectivement les subdivisions suivantes :

Pilier 1 : Passer aux énergies renouvelables ;

Pilier 2 : Développer les bâtiments producteurs d'énergie ;

---

[2] On trouvera une présentation détaillée sur Internet ou sous forme papier : L'énergie renouvelée du Nord-Pas de Calais, la troisième révolution industrielle en Nord-Pas de Calais Synthèse réalisée à partir du Master Plan de Jeremy RIFKIN, 25 Octobre 2013, 42 p.

Pilier 3 : Se doter de capacités de stockage de l'énergie ;

Pilier 4 : Déployer l'Internet de l'énergie ;

Pilier 5 : Réinventer la mobilité des personnes et des biens ;

Pilier 6 : Développer l'économie circulaire ;

Pilier 7 : Développer l'économie de la fonctionnalité.

Si l'on examine chacun des 7 piliers au regard de ce qui s'est déjà développé sur Loos en Gohelle en fonction des aménagements respectifs sur le territoire de la commune et plus particulièrement sur le site du 11/19 depuis plus d'une décennie, on ne peut que constater que tous font déjà l'objet de « mise en pratique » plus ou moins forte.

Ainsi, le développement des énergies renouvelables trouve une première illustration à travers l'existence de LUMIWATT installée à proximité du 11/19, cette plateforme solaire pédagogique en même temps qu'un support de recherche et développement a comme objectif principal de développer l'industrie photovoltaïque dans les régions modérément ensoleillées. Un projet à court terme consisterait à alimenter la Fondation d'Auteuil installée depuis 2013 par une plateforme du même type.

Par rapport au fait de développer des bâtiments producteurs d'énergie, on peut estimer que deux des projets portés par le CD2E pourraient illustrer cette thématique. D'abord, l'existence du théâtre de l'éco-construction qui est une structure permettant de faire la démonstration et la promotion de l'utilisation des éco-matériaux dans le secteur du bâtiment. Ensuite, la présence de REHAFUTUR en lieu et place de l'ancienne maison de l'Ingénieur située Place Lorraine. Même si ces deux structures ne sont pas directement axées sur la production d'énergie, on peut imaginer qu'elles deviennent avec le temps des démonstratrices de ce type.

Concernant les piliers 3 et 4, même si l'on ne recense pas à l'heure actuelle de structures travaillant directement sur ces questions, on peut estimer que la pépinière d'entreprises déjà installées sur le site du 11/19 pourrait accueillir dans un proche avenir des PME-PMI qui auraient choisi de développer des activités dans ce domaine.

Concernant le pilier numéro 5, ce dernier suppose une applicabilité beaucoup plus large au niveau spatial qu'une simple commune mais la ville de Loos en Gohelle en développant dès les années 1990, des voies vertes (15 kilomètres en 2015 !) en aménageant des pistes cyclables, en mettant en place des ateliers participatifs autour de l'impact de la voiture et de la sécurité routière nous prouve le contraire. Les projets d'avenir comme la mise en place d'un éco-quartier de 600 habitants à l'Ouest de la Commune où l'un des objectifs implique de placer chaque foyer à moins de deux cents mètres d'une voie de circulation douce (cyclable ou piétonne) et l'offre d'un certain nombre d'alternatives à la voiture individuelle pour les longs déplacements illustrent parfaitement bien les efforts pour intégrer ce cinquième pilier, (Chibani-Jacquot, 2015).

Le développement de l'économie circulaire quant à elle se matérialise à travers l'existence du pôle de compétitivité TEAM2 (Technologies de l'Environnement Appliquées aux Matières et aux Matériaux). Ce dernier labellisé en 2010 a pour vocation première le développement de la recherche et les applications industrielles dans le domaine des éco-technologies, des éco-matériaux, du recyclage et la dépollution et il est positionné au sein du CDEE sur le site du 11/19.

Concernant l'économie de la fonctionnalité à laquelle on couple le plus souvent l'économie de la coopération, on doit noter le fait que la volonté de la ville de promouvoir le co-voiturage entre les citoyens peut illustrer ce principe, ensuite l'étroite collaboration entreprise avec le laboratoire ATEMIS spécialisé dans la mise en pratique de ces deux concepts conduit celui-ci à accompagner la ville dans une démarche de développement durable en s'appuyant sur le référentiel de l'économie de la fonctionnalité et de la coopération.

Si la mise en place du Master Plan nous montre que la ville apparaît déjà bien positionnée au regard de ces principaux piliers, on constate dans le même temps que les multiples initiatives déjà mises en œuvre se concentrent beaucoup sur le domaine énergétique et industriel. Si l'on se cantonne uniquement à ces deux domaines aussi importants soient-ils pour la promotion d'une croissance durable, on occulte alors un certain nombre de champs d'analyse empruntés aux sciences humaines et à un certain nombre de nouveaux concepts économiques permettant d'élargir notre champ de vision de ce que pourraient être de nouveaux modes de développement économique pour l'occasion. La prise en compte du concept de résilience territoriale nous permet de les intégrer en partie. Pour cela, les travaux entrepris à l'époque par l'ancien Conseil Régional du Nord-Pas de Calais dans le cadre de l'initiative Visions 2040 et de la démarche prospective régionale ont abouti à la publication, respectivement en mars 2015 et en juin de la même année de deux rapports très intéressants relatifs à la perception de la résilience par les habitants d'une part, par la mise en application par les autorités de ce concept d'autre part. (D2DPE, 2015). L'enquête en ligne ayant donné lieu à la publication du premier rapport laisse apparaître un certain nombre de réflexions des citoyens sur le concept de résilience mais surtout sur la manière dont il pourrait être appliqué au niveau des politiques publiques. L'enquête effectuée entre décembre 2014 et janvier 2015 a généré 373 réponses sans que l'on puisse juger par ailleurs du degré de significativité de cette dernière mais en faisant ressortir cependant quelques points intéressants.

Ainsi à la question 5 : *« Selon vous, qu'est ce qui fait qu'un lieu, un espace, un territoire et ses habitants résistent mieux et engagent un processus positif de reconstruction après un choc ou une crise ? »*. Plusieurs propositions étaient soumises aux personnes interrogées et ces derniers devaient en dégager trois. Parmi celles-ci, l'importance du capital humain (valoriser les savoir-faire plus informels) ; la place de la culture (simulation de la créativité et importance de la mémoire) et le renforcement des liens intergénérationnels ont recueilli une quantité non négligeable de réponses ! Derrière ce choix exprimé par un échantillon de la population, on voit apparaître en filigrane plusieurs champs d'application de l'analyse économique à l'instar de l'économie créative, de l'économie de la culture et par extension de celle du patrimoine et pour finir celle de l'économie des seniors encore appelée la Silver Economy.

En prenant appui sur ces deux éléments que sont la Troisième Révolution Industrielle et la résilience des territoires, nous nous efforcerons de mettre en lumière les pistes possibles de développement de la ville de Loos en Gohelle au cours des prochaines décennies. **La première partie** s'efforcera dans un premier temps de faire ressortir la place occupée par Loos en Gohelle au sein d'un territoire plus vaste représenté d'abord par la CALL et ensuite par la Région des Hauts de France. Dans un deuxième temps, elle s'attardera sur un certain nombre de concepts comme le marketing territorial et les facteurs de localisation des activités, ces derniers fournissant une grille de lecture permettant de mieux juger de la capacité d'une ville comme Loos En Gohelle à les utiliser dans la mise en œuvre de futures politiques de développement. Pour clore cette première partie, nous décomposerons les phases ayant conduit à la création de l'ISACDAL, un outil qui nous permet de cartographier une ville au travers d'indices simples de l'attractivité durable d'un territoire. **Le chapitre 1** mettra en évidence les forces et les faiblesses de la ville de Loos en Gohelle en lien avec son territoire. Pour étayer notre propos, nous utiliserons l'outil SWOT qui se décline habituellement à une entreprise. **Le chapitre 2** s'efforcera de montrer l'intérêt pour un territoire de prendre en compte les techniques du marketing territorial utilisées aujourd'hui par les Collectivités. **Le chapitre 3** se focalisera sur la mesure de l'attractivité durable d'un territoire à travers le choix des indicateurs. **Le chapitre 4** analysera de manière détaillée les indicateurs relevant de la sphère économique. **Le chapitre 5** analysera les indicateurs relevant de la sphère environnementale. **Le chapitre 6** analysera les indicateurs relevant de la sphère sociale. Pour finir, **le chapitre 7** mettra en lumière la construction et le calcul de l'ISACDAL.

La deuxième partie soulignera l'importance du site de la Fosse 11/19 dans la stratégie de développement de la ville de Loos en Gohelle, en même temps qu'elle mettra en exergue les nouveaux champs thématiques de la science économique pouvant amener l'apparition de nouveaux modèles économiques. Pour clore cette deuxième partie, nous établirons au travers d'un tableau synthétique, 10 projets susceptibles d'être développés par la ville dans un proche avenir, ces projets ayant un dénominateur commun, le site de Loos en Gohelle. **Le chapitre 8** reprendra l'analyse SWOT dans un premier temps et dans un deuxième temps, l'analyse PESTEL en l'appliquant au site du 11/19. **Le chapitre 9** mettra en lumière les facteurs qui déterminent la localisation des activités au sein d'un secteur en s'efforçant de les transposer à la ville de Loos En Gohelle. **Le chapitre 10** sera consacré à l'Economie Créative. **Le chapitre 11** mettra en évidence l'Economie du Patrimoine. **Le chapitre 12** examinera en détail la Silver Economy. Pour finir, **le chapitre 13** laissera apparaître les pistes de valorisation possibles du site du 11/19 à court, moyen et long terme.

La troisième partie mettra en lumière l'intérêt de promouvoir la ville de Loos en Gohelle au sein de l'Agglomération de Lens-Liévin à travers l'utilisation du marketing du tourisme et du marketing du tourisme durable. **Le chapitre 14** analysera les atouts et les handicaps de la Communauté d'Agglomération de Lens-Liévin en utilisant à nouveau l'analyse SWOT. **Le chapitre 15** s'intéressera aux segments de touristes tels qu'ils sont définis à travers le marketing du tourisme. **Le chapitre 16** mettra en exergue l'importance des marchés de groupes en tourisme d'affaires susceptibles de choisir Loos en Gohelle et au-delà la CALL[3]. **Le chapitre 17** mettra en lumière les nouvelles formes de marketing territorial susceptibles d'être appliquées à Loos en Gohelle et à la CALL. **Le chapitre 18** soulignera l'importance du « branding territorial » pour un territoire. Pour finir, **le chapitre 19** mettra en lumière 10 propositions susceptibles de développer l'image de la ville de Loos en Gohelle et de la CALL au regard d'une plus grande attractivité touristique.

---

3 Acronyme signifiant Communauté d'Agglomération de Lens-Liévin.

PARTIE I :

LA VILLE DE LOOS EN GOHELLE EN LIEN AVEC SON TERRITOIRE

Même si la ville de Loos en Gohelle peut apparaître aujourd'hui au regard de l'observateur extérieur à la Région des Hauts de France comme étant emblématique d'une forme de renouveau au regard de sa situation économique lors de la fermeture du site de la fosse 11/19, on ne peut faire toutefois l'abstraction des liens étroits qu'elle peut tisser avec le reste de son territoire à commencer par sa situation au sein de la Communauté d'Agglomération de Lens-Liévin plus connue sous l'acronyme de CALL. De la même manière, les difficultés rencontrées par la CALL à travers sa reconversion post-minière impactent forcément la ville de Loos en Gohelle qui se situe au cœur de cette même agglomération coincée entre les deux grandes villes que sont respectivement Lens et Liévin. On peut estimer en effet qu'un certain nombre de problèmes communs se retrouvent immanquablement dans les villes ayant accueilli au moins un voire plusieurs puits de mine sur leur territoire. On dénombre ainsi : les problèmes liés aux affaissements miniers consécutifs à l'exploitation de la mine ; la remontée des hauts d'exhaure ; le réaménagement des terrains en friche issus du démantèlement des chevalets et autres installations de surface ; l'insuffisance d'industries de reconversion capables d'absorber la main d'œuvre en quête d'emploi et bien d'autres problèmes sur lesquels nous reviendrons ultérieurement. L'existence de ces problèmes spécifiques à l'arrondissement de Lens mais également aux autres arrondissements miniers de la Région des Hauts de France comme Béthune, Douai et Valenciennes s'inscrivent plus généralement dans les problèmes économiques que rencontre la Région confrontée depuis 40 ans à la disparition progressive de l'emploi dans des secteurs autrefois moteurs de la croissance régionale comme : l'industrie textile, la sidérurgie, les chantiers navals et l'industrie charbonnière. Face à cette situation particulière, il convient de s'attarder sur trois éléments nous permettant de mieux cerner la capacité d'une zone, la ville de Loos en Gohelle en l'occurrence à envisager de nouveaux modes de développement économique susceptibles d'effacer en partie les séquelles de l'extraction charbonnière. Dans un premier temps, il nous semble utile d'analyser avec précision les forces, les faiblesses, les menaces et les opportunités de la ville de Loos en Gohelle mais également celle de la CALL et de la Région des Hauts de France, tel est l'objet de l'analyse SWOT. Dans un deuxième temps, il nous semble utile de développer la notion de marketing territorial comme étant un instrument capable de mettre en lumière les atouts qu'une ville comme Loos en Gohelle pourrait mobiliser pour attirer à la fois de nouvelles industries et de grands projets de réaménagement du territoire, telle est l'objet de la méthode CERISE REVAIT. Pour finir, la mise en œuvre de nouvelles politiques implique de mesurer la situation actuelle d'un territoire à travers des indicateurs mesurant son attractivité durable, en même temps que d'observer l'évolution de ces mêmes indicateurs lorsque de l'application effective de ces politiques, tel est l'objet de la mise en place de l'indicateur synthétique ISACDAL. Cette première partie s'efforce de mettre en lumière ces trois instruments afin de permettre une meilleure compréhension du positionnement de la ville de Loos en Gohelle.

CHAPITRE 1 :

LES FORCES ET LES FAIBLESSES DE LA REGION DES HAUTS DE FRANCE, DE LA CALL ET DE LA VILLE DE LOOS EN GOHELLE

L'analyse de l'attractivité de la ville de Loos en Gohelle ne peut se concevoir sans prendre par ailleurs en considération une zone géographique plus large dans laquelle se situe le territoire communal. Dans cette optique, on ne peut faire abstraction tout d'abord de la Région des Hauts de France au regard de sa situation géographique au cœur de l'Europe du Nord-Ouest. Dans le même temps, Loos en Gohelle se situe aussi au sein de l'Ex Bassin Minier et il convient de prendre également en considération la CALL (Communauté d'Agglomération de Lens-Liévin). Prendre en compte ce territoire et en faire un état des lieux nous conduit à appliquer l'analyse SWOT[1] (Forces, faiblesses, Menaces, Opportunités) à trois échelons :

— au niveau de la région des Hauts de France ;

— au niveau de la Communauté d'Agglomération de Lens-Liévin ;

— au niveau de la ville de Loos en Gohelle.

Section 1) Analyse SWOT de la Région des Hauts de France

FORCES	FAIBLESSES
- Région située au centre de l'Europe du Nord-Ouest ; - Région très bien desservie au niveau des infrastructures de transports ; - Région disposant d'une population jeune ;	- Taux de chômage plus élevé que la moyenne nationale ; - Proportion importante de jeunes au chômage ou en échec scolaire ; - Région ayant subi fortement le poids des restructurations

[1] Le lecteur trouvera une description de cet outil dans l'ouvrage : *«Stratégie »* de BRULHART, FAVOREU et GUERRA, pp 60-64, Éditions DUNOD, Collection OPENBOOK, 2015, 204 p.

- Région accueillante ; - Région de tradition industrielle ; - Région disposant de nombreux pôles de compétitivité ; - Région possédant de nombreux établissements d'enseignements supérieurs de qualité ; - Région dynamique en matière de création d'entreprises ; - Existence d'un capitalisme familial important ; - Poids de certaines grandes entreprises dans l'économie régionale. - Equipements sportifs et culturels de grande qualité.	industrielles depuis le début de la crise en 1973 ; - Existence d'un certain discours misérabiliste de la part de certains élus ; - Disparités importantes au niveau du développement de certaines zones ; - Forte concentration des activités sur la métropole lilloise ; - Espérance de vie plus faible par rapport à la moyenne française ; - Proportion de friches industrielles plus élevée que la moyenne nationale ; - Partie picarde de la Région des Hauts de France connaissant de grosses difficultés.
MENACES	**OPPORTUNITES**
- Existence d'un développement économique focalisé essentiellement sur la métropole lilloise ; - Persistance d'îlots de pauvreté dans certaines zones ; - Solde migratoire négatif ; - Insuffisance de concertation entre les élus de certaines zones concernant le développement économique ; - Problèmes liés à l'adduction d'eau ; - Problèmes d'érosion des zones côtières liés à l'augmentation du niveau de la mer ; - Dynamique insuffisante entre les anciennes régions Nord-Pas de Calais et Picardie.	- Rayonnement international des pôles de compétitivité et d'excellence ; - Région pionnière en matière de gestion et d'économie d'énergie (Plan RIFKIN) ; - Région pionnière dans la mise en œuvre des politiques de développement durable ; - Développement du secteur des éco-industries ; - Potentiel touristique important lié à la présence d'équipements culturels à rayonnement international ; - Développement des relations transfrontalières avec la Belgique et le Royaume-Uni ; - Possibilité de développement des activités tertiaires à forte valeur ajoutée.

Commentaires

L'analyse SWOT concernant la région des Hauts de France nous montre un certain équilibre entre les 4 quadrants du présent tableau. Au niveau des forces, on peut faire ressortir quatre éléments principaux :

— une région située au cœur de l'Europe et bien desservie par les infrastructures de transports multiples ;

— une région disposant d'un vivier important de main-d'œuvre susceptible le cas échéant de fréquenter des établissements d'enseignements supérieurs de qualité ;

— une région de tradition industrielle disposant encore de nombreux atouts matérialisés par des pôles de compétitivité dynamiques ;

— une région marquée par l'existence d'un capitalisme familial ayant engendré de grands groupes de renommée internationale tels que ROQUETTE, LESAFFRE ou AUCHAN.

Au niveau des faiblesses, on peut mettre en évidence trois grands problèmes :

— un fort taux de chômage que l'on peut corréler avec l'existence d'une population moins bien formée et confrontée pour certains à des problèmes sociaux majeurs (exclusion, pathologies surreprésentées au niveau national comme l'alcoolisme et les cancers digestifs, etc) ;

— une région ayant subi plus durement que les autres les impacts de la crise économique dans des secteurs industriels qui en avaient fait toute sa force jusqu'au début des années 1970 (exploitation charbonnière, sidérurgie, textile et chantiers navals) ;

— l'existence d'une certaine déstructuration de l'espace régional avec un arrondissement très dynamique, celui de LILLE et d'autres arrondissements comme ceux de Lens, Douai, Valenciennes, Cambrai et Avesnes sur Helpe qui connaissent de nombreuses difficultés.

Au niveau des menaces, elles apparaissent beaucoup plus disparates, ainsi on peut citer :

— la persistance durable de certaines inégalités territoriales au sein de la région des Hauts de France ;

— l'érosion des zones côtières en raison de l'augmentation du niveau de la mer et les problèmes d'alimentation en eaux dans les décennies à venir ;

— une insuffisante concertation entre les élus des arrondissements régionaux en matière de développement économique.

Au niveau des opportunités, elle se focalise essentiellement autour de trois facteurs :

— une Région pionnière en matière de développement durable depuis la Présidence de Marie-Christine BLANDIN de 1992 à 1998 ; Région ayant fait le pari de la mise en œuvre de la troisième révolution industrielle susceptible de créer de nombreux emplois en lien direct avec l'environnement et la maîtrise de l'énergie ;

— une Région disposant d'un potentiel touristique importante, potentiel renforcé encore par l'inscription du Bassin Minier à l'inventaire du patrimoine industriel de l'UNESCO depuis 2012 ;

— une Région susceptible d'attirer des activités tertiaires à forte valeur ajoutée à la fois sur la métropole lilloise mais également autour des grands centres urbains.

Section 2) Analyse SWOT de la Communauté d'Agglomération de Lens-Liévin

FORCES	FAIBLESSES
- Territoire situé au cœur d'infrastructures de transports importantes ; - Zone densément peuplée ; - Proximité géographique avec la Métropole lilloise ; - Existence pour quelques années encore de revenus de transferts intergénérationnels encore importants permettant d'atténuer les difficultés rencontrées chez certains jeunes ménages ; - Fréquentation importante du Louvre-Lens ; - Zone classée au Patrimoine mondial de l'UNESCO ; - Importance des infrastructures sportives ; - Jeunesse relative de la population ; - Solidarité importante entre les habitants des cités ; - Importance de l'habitat	- Taux de chômage plus élevé que la moyenne régionale ; - Faiblesse du potentiel fiscal des collectivités liée au niveau de vie des habitants ; - Economie résidentielle qui reste assez faible - Présence de nombreuses friches industrielles ; - État sanitaire de la population dégradé par rapport à la moyenne régionale ; - Part de la population ayant effectué des études supérieures plus faible que la moyenne régionale ; - Disparités importantes entre certaines communes de l'Agglomération ; - Accroissement total négatif lié à un solde migratoire lui-même négatif ; - Moindre importance du secteur

individuel (rénovation des cités minières).	tertiaire ; - Déficit en matière d'infrastructures publiques tertiaires.
MENACES	**OPPORTUNITES**
- Accroissement des disparités entre les communes de la CALL ; - Éloignement progressif de la dynamique de croissance émanant de la métropole lilloise ; - Accroissement des phénomènes d'exclusion ; - Disparition progressive des aides européennes ; - Baisse de la population ; - Accroissement des friches urbaines notamment dans les cités minières ; - Disparition inexorable des revenus de transferts intergénérationnels liés à la disparition progressive des veuves de mineurs silicosés ; - Problèmes des affaissements miniers et menace sur la nappe phréatique.	- Présence du Louvre-Lens et classement de la CALL au Patrimoine Mondial de l'UNESCO susceptible de développer une réelle activité touristique ; - Inversion possible du solde migratoire avec l'arrivée d'une population plus jeune en provenance de la Métropole lilloise devenue trop chère en matière de logement ; - Potentiel de croissance lié au développement des éco-industries et des clusters ; - Développement de relations plus harmonieuses avec la Métropole lilloise et insertion dans une dynamique de croissance ; - Développement des activités tertiaires liées à la construction d'établissements d'aides aux personnes âgés dépendantes.

Commentaires

À l'instar de la région des Hauts de France, on retrouve un certain équilibre entre les éléments du tableau, ainsi au niveau des forces, on peut mettre en évidence 4 éléments principaux :

— un territoire situé à proximité des grandes infrastructures régionales de transports et proche géographiquement de la métropole lilloise ;

— une zone densément peuplée avec une certaine jeunesse relative de la population ;

— l'existence d'une forte solidarité intergénérationnelle qui se matérialise au travers des transferts d'argents entre les retraités et les actifs (les veuves des mineurs silicosés qui perçoivent des retraites importantes les versent en partie à leurs enfants et petits-enfants parfois en situation précaire) ;

— la présence d'équipements sportifs mais surtout culturels depuis l'ouverture du Louvre-Lens en décembre 2012 et classement de l'arrondissement de Lens au Patrimoine mondial de l'UNESCO.

Au niveau des faiblesses, 4 éléments essentiels ressortent pour l'occasion :

— une Communauté d'agglomération qui est confrontée à la fois à de grosses difficultés économiques et sociales (fort taux de chômage supérieur à la fois à la moyenne nationale et régionale, existence d'indicateurs sociaux dégradés) ;

— une Communauté d'agglomération qui dispose d'un faible potentiel fiscal lié au niveau de vie modeste d'une partie importante de sa population ;

— une Communauté d'agglomération qui dispose encore sur son sol de nombreuses friches industrielles ;

— l'existence d'un solde migratoire négatif.

Au niveau des menaces qui pourraient peser dans un avenir proche sur la CALL, on peut extrapoler en grande partie ce qui constitue actuellement ses faiblesses, ainsi on peut relever 4 menaces potentielles :

— une population qui pourrait continuer à diminuer au cours des prochaines décennies ;

— une disparition progressive des aides européennes : un élément non négligeable si l'on prend en compte les réhabilitations antérieures des friches industrielles qui en ont bénéficié et qui constituent toujours une manne indispensable pour traiter celles qui persistent en milieu urbain ;

— l'extinction progressive des revenus de transferts en provenance des veuves de mineurs silicosés ;

— la persistance de problèmes importants liés aux affaissements miniers avec des conséquences potentiellement dangereuses pour la nappe phréatique, notamment.

Concernant les opportunités, elles laissent entrevoir un certain nombre de pistes permettant d'envisager de réelles possibilités de développement de cette zone, on peut en citer 4 :

— le développement d'une réelle activité touristique susceptible de capter également une clientèle étrangère visitant à la fois le Louvre et les sites classés à l'UNESCO ;

— une meilleure articulation du développement économique de la CALL en lien avec le développement de la métropole lilloise. Dans le même temps, une partie de la population métropolitaine pourrait choisir de s'installer dans l'agglomération lensoise en s'appuyant sur un prix de l'immobilier beaucoup plus faible comparé à ceux pratiqués dans la métropole ;

— un potentiel de croissance susceptible de se matérialiser à travers le développement des éco-industries et des clusters ;

— l'apparition de nouvelles activités tertiaires liées au vieillissement de la population et à la construction des structures d'accueil pour personnes dépendantes.

Section 3) Analyse SWOT de la ville de Loos en Gohelle

FORCES	FAIBLESSES
- Ville bénéficiant d'une forte couverture médiatique et positive ; - Maire écologiste ayant un projet de développement à long terme pour sa commune ; - Petits commerces plus nombreux qu'ailleurs ; - Existence du site du 11/19 à la fois emblématique et culturel ; - Population ayant un niveau de revenu plus élevé que dans la plupart des villes de la CALL et qui évolue à la hausse depuis quelques années ; - Ville présentant un caractère résidentiel avec un paysage rural et minier de qualité ; - Légitimité politique (55,7 % du total des inscrits ayant pris part au vote en mars 2014 alors qu'une seule liste était en présence : celle du Maire sortant, cette dernière ayant obtenu 81,1 % des suffrages exprimés ; - Densité du tissu associatif et importance du bénévolat et des initiatives citoyennes ; - Proximité des grandes villes comme Lens et Liévin ; - Ville facile d'accès au milieu d'un réseau routier dense ;	- Existence d'un taux de chômage plus élevé que la moyenne régionale ; - Faible potentiel fiscal de la Collectivité ; - Image de la Ville dépendant encore trop d'un Bassin Minier dégradé ; - Présence de certains quartiers difficiles sur le territoire de la Commune ; - Problème de l'éloignement de la cité de la fosse 5 ; - Peu de désertes des transports publics.

MENACES	OPPORTUNITES
- Diminution des fonds européens affectés à la réhabilitation de certains sites miniers ; - Problèmes liés aux affaissements miniers.	- Développement de la base 11/19 comme lieu d'activités touristiques ; - Rayonnement régional du CD2E ; - Effets dynamiques liés à la présence du Louvre-Lens à proximité ; - Réserves foncières importantes permettant d'accueillir de nouvelles entreprises ; - Mise en place de démarches participatives et citoyennes peu développées en France et en Europe à l'instar des démarches communautaires américaines ; - Possibilité d'utiliser la tour d'extraction du 11/19 pour développer des infrastructures touristiques ; - Une ville ayant fait très tôt le pari de la troisième révolution industrielle.

Commentaires

L'analyse des forces et des faiblesses pour la ville de Loos en Gohelle nous montre une légère prédominance des forces par rapport aux faiblesses. Ainsi, au niveau des forces, on peut faire apparaître 4 points forts :

— une ville disposant d'un site emblématique du Bassin Minier et situé à proximité du Louvre : le 11/19 et ces terrils jumeaux ;

— une ville présentant à la fois un caractère résidentiel et disposant d'une population plus favorisée en moyenne que la plupart des autres villes de la Communauté d'Agglomération de Lens-Liévin ;

— une ville ayant une équipe municipale disposant d'un réel projet de développement sur le long terme, équipe municipale légitimée par ailleurs par le suffrage universel lors des dernières élections municipales de mars 2014 ;

— une commune située à la fois à proximité de grandes villes comme Lens et Liévin et bien reliée aux principaux axes routiers et autoroutiers.

Au niveau des faiblesses, on retrouve à un échelon territorial plus étroit les mêmes caractéristiques régionales et surtout communautaires, ainsi on peut mettre en évidence 3 faiblesses principales :

— la persistance d'un fort taux de chômage ;

— une ville située au cœur d'un Bassin Minier parfois encore trop stigmatisé par les médias nationaux ;

— l'existence de certains quartiers difficiles et enclavement partiel de la cité de la fosse 5 de Loos-en-Gohelle.

Au niveau des menaces potentielles, on peut en citer deux :

— une diminution des fonds européens dédiés à la réhabilitation des friches industrielles sur le territoire de la commune ;

— la persistance de problèmes liés aux affaissements miniers.

Au niveau des opportunités, la ville de Loos en Gohelle dispose d'un certain nombre d'atouts qu'elle pourrait exploiter à l'avenir, on peut ainsi mettre en avant trois éléments :

— une ville disposant d'un fort potentiel touristique en raison de l'existence du site emblématique du 11/19 et la possibilité de réaménager la tour d'extraction augmenterait encore ce potentiel. De la même manière, la proximité géographique du Louvre-Lens et son rayonnement international pourraient contribuer encore à développer ce potentiel ;

— l'existence de réserves foncières importantes susceptibles d'accueillir de futures zones de développement et des projets en lien avec la troisième révolution industrielle ;

— la volonté de la part de l'équipe municipale de renforcer les expériences de démocraties participatives dans un proche avenir.

CHAPITRE 2 :

LA MISE EN VALEUR D'UN TERRITOIRE : LES OUTILS DU MARKETING TERRITORIAL

Initialement le marketing s'adressait prioritairement aux entreprises fabriquant des biens, le fondement même de cette discipline impliquait pour l'entreprise d'utiliser un certain nombre de techniques lui permettant de mieux connaître les besoins de ses consommateurs en même temps que d'augmenter les ventes de ces produits. Progressivement, le marketing s'est étendu aux services et depuis le début des années 1980 à des domaines échappant totalement au secteur marchand. Dans cette optique, le marketing politique pouvait être considéré comme la première extension d'une discipline se rapprochant de la sphère non marchande, d'autres applications comme le marketing social, sociétal et le marketing des services publics notamment ont emprunté cette voie en adaptant si besoin les techniques utilisées habituellement par les entreprises produisant des biens et services marchands. Le marketing que l'on qualifie de « territorial » emprunte également ce chemin et si l'on voulait être un tantinet provocateur, on oserait dire que l'on peut utiliser des techniques pour vendre un territoire à des investisseurs comme on le ferait pour vendre une savonnette. La réalité est plus complexe que cela même si l'idée sous-jacente revient effectivement à cette finalité. De nombreux ouvrages et articles ont contribué depuis maintenant presque 25 ans à enrichir cette discipline nouvelle, sans les citer tous, il convient de mentionner les contributions respectives de Kotler ; Haider et Rein (1993), d'Hatem (2007), de Meyronin (2012), de Chamard (2014) et de Gollain (2014). Pour notre part, nous nous appuierons en grande partie sur les deux derniers auteurs précités, leurs contributions respectives mettent en valeur des méthodes d'analyse et des outils forts utiles en vue d'une utilisation ultérieure pour le site du 11/19.

Section 1) La démarche générale du marketing territorial

Utiliser les outils du marketing territorial nous oblige d'abord à définir ce qu'est réellement un territoire, Laganier, Villalba et Zuindeau (2002) considèrent qu'un territoire est constitué de 3 dimensions complémentaires :

— « une dimension matérielle : le territoire est conçu comme un espace doté de propriétés naturelles définissant des potentialités ou des contraintes de développement, ou de propriétés matérielles, résultant de l'aménagement de l'espace par les sociétés (aménagements urbains, réseau de desserte, etc.) » ;

— « une dimension organisationnelle : le territoire est défini comme une entité dotée d'une organisation des acteurs sociaux et institutionnels, elle-même caractérisée par des rapports de hiérarchie, de domination, de solidarité et de complémentarité » ;

— « une dimension identitaire : le territoire correspond alors à une entité spatiale dotée d'une identité propre. L'identité du territoire est caractérisée par son nom, ses limites, son histoire et son patrimoine, mais aussi par la manière dont les groupes sociaux qui l'habitent, se le représentent, se l'approprient et le font exister aux yeux des autres ».

De la même manière, Chamard citant Tesson[1] distingue deux types de territoire :

— « les territoires « chauds », qu'il considère comme nourris aux légendes, aux mythes et aux personnages qui les ont enchantés à l'instar des Chouans et de Gaston Phébus. Ces territoires s'imposent par leur centre et par les légendes qui les habitent plus que par leurs limites géographiques. Ils apparaissent légitimes par culture », c'est le cas de zones comme la Gascogne, le Berry, la Provence, le Quercy et le Périgord. C'est aussi le cas de certains quartiers dans certaines villes, par exemple : Montmartre à Paris, La Croix-Rousse à Lyon ou le Panier à Marseille. Concernant notre zone d'étude, on peut estimer que le bassin Minier est un territoire plutôt « chaud » dans le cas présent. De la même manière, à l'échelle de la commune de Loos en Gohelle, certains quartiers ayant une forte identité peuvent s'apparenter à un territoire « chaud » comme le quartier de la fosse 5 de Loos ou la cité des Castors, pour ne citer qu'eux !

— « les territoires « froids » qui sont nés de la volonté de l'administration de découper le territoire en zones géographiques clairement définies », on peut citer par exemple la Région Île-de-France et les départements qui la composent.

En fonction du découpage que l'on peut faire d'une zone, on peut se retrouver pour un territoire à la fois sur un aspect « chaud » et « froid ». Par exemple, la Beauce est un territoire « chaud » car il fait appel à la mémoire collective comme étant une terre fertile alors que les départements du Loir et Cher et de l'Eure et Loir dans lesquels elle s'insère sont plutôt des territoires « froids ». De la même manière, si l'on prend Loos en Gohelle, la ville est dans un territoire « chaud » si l'on met en avant son appartenance au Bassin Minier alors qu'elle se situera dans un territoire « froid » si on la considère comme une

1 Frédéric TESSON, Maître de Conférences en Géographie, Laboratoire SET-UMR CNRS 5603 – Université de Pau et des Pays de l'Adour.

ville du Pas de Calais. On comprend mieux pourquoi la démarche d'inscription au Patrimoine Mondial de l'UNESCO s'est appuyée sur le vocable « Bassin Minier » beaucoup plus emblématique et émotionnel que territoire du Nord-Pas de Calais plus « administratif » et de fait moins vendeur. Il apparaît plus facile de promouvoir l'image d'un territoire « chaud » que celle d'un territoire « froid » même si le marketing territorial s'évertue parfois à faire passer un territoire « froid » vers un territoire « chaud ».

Ayant fait ces distinctions très utiles, il convient de s'attacher dans un premier temps sur la démarche de marketing territorial, Chamard (2014) distingue 5 phases qui s'enchainent de manière itérative mais qu'il sépare en deux grandes phases : une phase amont tout d'abord et une phase aval ensuite.

Concernant la phase amont du marketing territorial, elle repose sur la réflexion, la discussion, la mobilisation, la décision et la formulation, elle débute toujours par une première phase qui consiste à dresser un état de l'existant au sein d'un territoire à travers l'élaboration d'un diagnostic et d'instruments de mesure.

Une deuxième phase consiste à faire émerger un projet territorial partagé, on considère que le projet territorial constitue l'objet de la démarche. Des allers retours s'avèrent nécessaires entre la formulation du projet et l'état de l'existant. On peut prendre comme exemple notre zone d'étude. La première phase aboutit à la constatation que notre territoire a connu un développement non durable, la deuxième phase intervient alors pour faire émerger l'idée que le Bassin Minier et Loos en Gohelle en particulier peuvent devenir le symbole d'un territoire « durable ».

Une fois que les acteurs du territoire sont d'accord sur un projet partagé, on peut entamer la troisième phase qui implique d'élaborer une stratégie en choisissant des axes de développement, par exemple dans le cas du site 11/19, une double stratégie de développement de la culture et des éco-industries. Avec cette troisième phase, nous passons à la deuxième grande phase que l'on nomme la phase aval du marketing territorial et qui repose sur la mise en œuvre, l'action, l'adhésion et pour finir l'évaluation.

Avec la quatrième phase, on passe mécaniquement de l'amont vers l'aval avec la déclinaison d'une offre territoriale que l'on peut ventiler en fonction des publics visés, ainsi l'implantation de Culture Commune correspond à un axe de développement de la sphère culturelle et l'implantation du CDEE sur le site du 11/19 à un affichage résolument orienté vers les éco-industries.

Pour terminer, la cinquième phase nous oblige à évaluer l'impact du projet territorial à l'aide d'indicateurs jugés pertinents pour évaluer l'impact plus ou moins positif du projet de territoire. Ayant mis en œuvre cette cinquième phase, on peut à nouveau déclencher un processus en constatant l'écart existant entre la situation actuelle et idéale, à la base de la notion de besoin, « territorial » pour l'occasion. Pour conclure sur cette démarche si l'on prend en considération notre zone d'étude, on constate qu'un certain nombre d'indicateurs et d'études existent déjà sur la démarche visant à valoriser le site du 11/19.

Comme nous venons de le voir, la démarche de marketing territorial apparaît assez simple de prime abord, toutefois la première phase nous apparaît essentiel pour réussir ensuite une stratégie de développement, certains outils permettent aujourd'hui de mieux analyser un territoire en le « benchmarking » au regard d'autres territoires, tel sera l'objet de notre deuxième section avec l'utilisation de la méthode CERISE REVAIT ®.

Section 2) L'analyse Benchmarking d'un territoire : la méthode CERISE REVAIT® :

Chaque territoire, quelle que soit l'échelle géographique cherche toujours à se développer sur le long terme pour améliorer le bien-être de ses habitants, l'un des éléments principaux du développement réside dans la capacité à attirer de nouvelles activités mais aussi de grands projets d'aménagement. Dans le même temps, les investisseurs potentiels ont souvent le choix entre plusieurs lieux pour l'implantation de leurs activités obligeant alors les territoires d'accueil à se différencier. Le champ du marketing territorial permet aujourd'hui de mettre en œuvre certaines méthodes d'analyse territoriale, Gollain (2014) a initié une méthode fort utile que nous allons nous efforcer de décrire : la méthode CERISE REVAIT[2] ®.

Cette méthode peut s'appliquer selon Gollain à quatre types de situation :

— « mieux connaître l'offre d'autres territoires, elle peut être ainsi utilisé

— e pour benchmarker les concurrents ou identifier certaines « bonnes pratiques » à l'échelle territoriale » ;

— « identifier les atouts globaux d'un territoire », à l'échelle d'une commune, d'une communauté d'agglomération comme la CALL, d'un département ou d'une région ;

— « évaluer la position concurrentielle de son offre territoriale face aux propositions des autres collectivités pour l'accueil des activités économiques étudiées », dans le cas présent, l'analyse peut se limiter à un secteur d'activité, par exemple : le secteur des éco-industries ;

---

2 L'auteur a pris en considération une version de la méthode CERISE REVAIT antérieure à 2014, Gollain a publié depuis des versions actualisées sur le site : www.marketing.territorial.org.

— « construire un argumentaire territorial ».

Si l'on se réfère à la démarche de marketing territorial que nous avons énoncé en amont, la méthode CERISE REVAIT ® peut s'appliquer lors des trois premières phases du marketing territorial en amont lorsqu'il s'agit d'élaborer une offre territoriale par rapport à l'existant et mettre en avant certains axes de développement. L'un des éléments essentiels de la méthode réside dans le recensement des facteurs de production au centre d'un territoire, traditionnellement la théorie économique distingue 4 facteurs :

— « le capital physique (immobilier, matériels de production, biens durables, etc) » ;

— « le capital humain qui correspond aux connaissances accumulées par les populations et mobilisable pour le travail » ;

— « le capital immatériel correspondant à la valeur accumulée par le territoire sous forme d'organisation et d'image de marque » ;

— « le capital naturel ».

Afin d'avoir l'outil le plus fin d'analyse, la méthode CERISE REVAIT® subdivise ces facteurs de production en 13 catégories expliquant le pourquoi de l'acronyme, on trouve respectivement :

C = Capital Humain ;

E = Entreprises et acteurs leaders ;

R = Réseaux et points nodaux ;

I = Infrastructures et Immobilier ;

S = Services ;

E = Evénements professionnels ;

R = Recherche et Développement/Innovation ;

E = Entreprises secondaires/tissu économique/filières et secteurs ;

V = Valeur et identité du territoire ;

A = Actions collectives structurantes ;

I = Image et marque territoriale ;

T = TIC

® = Ressources naturelles et physiques/Villes clés.

À ces treize composantes principales, Gollain suggère de rajouter 4 composantes facultatives, respectivement :

— l'organisation des acteurs (Gouvernance territoriale) ;
— le marché local ;
— le développement durable ;
— l'insécurité.

À ce stade de l'étude, il peut être intéressant de mettre en exergue dans le cadre d'un tableau chacune des composantes des facteurs de production territoriaux décrit par Gollain, pour cela, nous distinguerons dans un premier tableau : les composantes principales et dans un deuxième tableau : les composantes facultatives.

Tableau 1 : Les composantes principales de l'analyse CERISE REVAIT ®[3]

Composantes principales de l'analyse	**Signification**
C = Capital Humain	Le capital humain correspond aux connaissances accumulées localement et mobilisable pour les activités économiques. On distingue respectivement : - Le nombre de salariés disponibles pour une filière ; - Le nombre de diplômés dans la zone d'étude ; - La productivité du travail.
E = Entreprises et acteurs leaders	Ce sont les entreprises et acteurs économiques emblématiques du territoire ou de la filière retenue, on peut prendre en considération : - Les entreprises ayant une forte renommée sur le territoire ; - L'existence de certaines personnalités emblématiques au regard de leur activités ; - L'existence de certains personnages historiques disparus et qui ont marqué durablement le territoire, l'exemple de De Gaulle à Colombey les deux Églises.

3 Le tableau 1 a été élaboré par l'auteur à partir de l'ouvrage de Gollain, 2014, *Réussir sa démarche de marketing territorial, Méthodes techniques et bonnes pratiques,* Territorial Éditions, Voiron.

R = Réseaux et points nodaux	Les réseaux relationnels permettent aux entreprises de s'immerger plus facilement dans un territoire pour nouer des contacts avec les clients, les fournisseurs, les partenaires chargés du développement économique et les élus, etc, on peut distinguer plusieurs types de réseaux : - Organismes professionnels ; - CCI ; - Pôle de compétitivité ; - Clubs.
I=Infrastructures/Immobilier/Localisation	Dans le cas présent, on va s'intéresser dans un premier temps à la localisation géographique du territoire, comment ce dernier est-il accessible ? Des éléments aussi disparates pourront être pris en compte : - Système de transport ; - Système de santé ; - Grands équipements scientifiques ; - Parc de logements ; - Offre hôtelière ; - Institutions culturelles.
S = Services	L'offre de services reste un élément primordial de l'offre territorial et il convient de se focaliser prioritairement sur les services suivants : - Les services privés aux entreprises (nettoyage, sécurité, etc) ; - Les services rendus par les gestionnaires de grands équipements (services offerts par les aéroports, les centres des congrès et les musées) ; - Les services rendus à la population et aux salariés (crèches, écoles internationales, etc) ; - Les services rendus par les accompagnateurs du développement économique (services à l'implantation,

	aides financières, services experts, etc).
E = Evénements professionnels	La présence d'événements professionnels comme un salon, un congrès ou une foire peut offrir à sa manière une forme de différenciation, exemple de la Braderie de Lille.
R = Recherche et Développement/Innovation	Dans le cas présent, on se focalise principalement sur la RandD publique et privée à travers : - Les équipements scientifiques et technologiques ; - La nature des plateformes technologiques disponibles ; - Les réseaux scientifiques et technologiques présents.
E = Entreprises secondaires, tissu économique et filières d'excellence	Il s'agit ici de la nature des filières, des secteurs, des entreprises et acteurs qui composent le système économique du territoire, dans le cas présent les PME/PMI, on distinguera tout particulièrement : - Les PME/PMI à fort potentiel de développement ; - Les TPE dirigées par des entrepreneurs dynamiques ; - Les réseaux de sous-traitance.
V = Valeurs/Identité du territoire/Savoir-Faire	On estime que le développement des territoires s'appuie aussi sur l'identité, l'engagement et les valeurs des hommes et des femmes qui y habitent et y travaillent. Par exemple, la gentillesse des gens du Nord-Pas de Calais demeure aujourd'hui encore un atout de notre territoire.
A = Actions collectives structurantes	Cette composante apparaît complexe de prime abord, on cherche en fait à mesurer les avantages comparatifs spécifiques qui seront créés par les acteurs publics ou à travers des partenariats public-privé, ainsi :

	- La construction d'une autoroute ; - Le creusement d'un canal à grand gabarit comme le canal Seine-Nord ; - La construction d'un grand équipement sportif.
I = Image et marque territoriale	Il s'agit pour l'occasion de faire ressortir l'image du territoire afin de mesurer sa notoriété, l'effet d'adresse et les axes de la politique de marque.
T = Technologies de l'Information et de la Communication	Les TIC regroupent dans le cas présent l'ensemble des infrastructures de télécommunications mais également les types de services qui sont proposés aux activités numériques par les opérateurs.
® Ressources naturelles et physiques, lieux emblématiques, capacité d'expérimentation, qualité de vie	Cette dernière composante principale regroupe toute une série d'éléments disparates comme : - La position géographique ; - Les ressources minières ou naturelles (bois et eau) ; - Les paysages ; - Le climat ; - Le niveau de pollution ; - La présence d'Ouvrage d'Art ; - L'importance de la politique culturelle.

À côté de ces composantes principales, il peut être intéressant de rajouter quatre autres composantes que Gollain qualifie de « facultatives », le tableau 2 permet de les faire apparaître.

Tableau 2 : Les composantes facultatives de l'analyse CERISE REVAIT®[4]

Composantes facultatives de l'analyse	**Signification**
Organisation des acteurs	On estime aujourd'hui que l'organisation des acteurs territoriaux devient un facteur de compétitivité et de différenciation au

4 Le tableau 2 a été élaboré par l'auteur à partir de l'ouvrage de Gollain, 2014, *Réussir sa démarche de marketing territorial, Méthodes techniques et bonnes pratiques,* Territorial Éditions, Voiron.

	regard des entreprises présentes.
Marché local	Le marché local peut se révéler un élément important pour attirer des activités économiques, des paramètres comme : - La taille du marché local ; - Le comportement des habitants et des salariés ; - Le pouvoir d'achat ; - La présence de donneurs d'ordre importants.
Développement durable	Le développement durable devient un élément incontournable au sein d'un territoire, ce concept revêt une importance encore plus grande lorsqu'un territoire accueille des activités en lien avec l'environnement et la RSE.
Insécurité	Ce dernier élément apparaît de plus en plus important dans le choix de l'implantation des entreprises et des habitants sur un territoire

Ayant déterminé l'ensemble des composantes de l'analyse, Gollain propose la méthode suivante pour aider une collectivité dans sa démarche de marketing territorial :

1) « voir si les 13 composantes (et les 4 optionnelles) sont utiles à l'analyse » ;
2) « trouver, pour chacune des composantes retenues, les critères les plus utiles pour l'analyse. En l'occurrence, ces critères peuvent-être quantitatifs (nombre d'adhérents locaux à un pôle de compétitivité) ou qualitatifs (identité du territoire, par exemple) » ;
3) « rechercher l'information disponible pour tous les critères sélectionnés, tant à l'échelle de son territoire pour en identifier des caractéristiques clés » ;
4) « comparer ses caractéristiques clés, pour les mêmes critères, avec l'offre des territoires concurrents » ;
5) « identifier, sur la base des résultats obtenus lors des comparaisons précédentes, les avantages comparatifs des territoires ».

La méthode de Gollain apparaît sans nul doute comme la plus élaborée pour juger de la capacité d'un territoire à développer son attractivité. Pour notre part, nous choisissons de nous appuyer sur cette méthode mais en faisant ressortir quelques éléments d'analyse de façon à avoir un outil de comparaison simple à utiliser. Pour étayer nos propos, on va prendre comme hypothèse que Loos en Gohelle choisisse à l'avenir de renforcer encore ses actions visant à faire d'elle la référence en matière de développement des éco-industries ou plus spécifiquement en devenant l'acteur emblématique au regard de la problématique de la TRI. Dans le même temps, on peut imaginer que cinq ou six autres zones géographiques aient dans le même temps, la même ambition.

Une question se pose alors comment utiliser la méthode CERISE REVAIT pour positionner Loos en Gohelle par rapport aux autres zones ? La première solution consisterait pour chacune des composantes principales et facultatives de faire une analyse SWOT dans chaque zone, ce qui est préconisé par ailleurs par Gollain, on aurait alors des éléments de comparaison pour chacune des composantes. Le problème réside toutefois dans le caractère qualitatif d'une telle méthode, l'approche peut apparaître séduisante car très complète mais elle se révèle moins synthétique pour l'occasion. La deuxième solution consisterait en partant également d'une analyse SWOT et en fonction des résultats obtenus, d'attribuer à chaque composante une note de 1 à 4, avec comme barème suivant : 1 = médiocre ; 2 = moyen ; 3 = bon ; 4 = excellent. On peut résumer les conditions d'attribution pour chacune des notes dans le tableau 3.

Tableau 3 : Condition d'attribution des notes pour chaque composante de l'analyse SWOT

Notes	Condition d'attribution
0	Le territoire dispose de peu de forces, de beaucoup de faiblesse, doit faire face à de nombreuses menaces et dispose de peu d'opportunités.
1	Le territoire est en position favorable pour seulement l'une des composantes (beaucoup de forces ou d'opportunités) et en position défavorable pour les autres (beaucoup de faiblesse ou beaucoup de menaces).
2	Le territoire est en position favorable pour deux des composantes et en position défavorable pour les autres.
3	Le territoire est en position favorable pour trois des quatre composantes.
4	Le territoire est en position favorable dans les quatre composantes.

Ayant procédé à la notation de chaque composante, on peut faire alors apparaître le tableau de synthèse nous permettant d'attribuer la note globale d'attractivité d'une zone, tel est l'objet du tableau 4.

Tableau 4 : Présentation du tableau synthétique de l'attractivité globale

Composantes	**Note de 1 à 4 obtenue par le territoire A dans chacune des composantes**	**Note de 1 à 4 obtenue par le territoire B dans chacune des composantes**	**Note de 1 à 4 obtenue par le territoire N dans chacune des composantes**
Composante 1			

Composante 17			
Attractivité globale pour chacune des zones (somme des notes obtenues pour chacune des composantes)	Note globale obtenue par le territoire A	Note globale obtenue par le territoire B	Note globale obtenue par le territoire N

L'utilisation d'une démarche marketing nous apporte quelques éclairages utiles pour analyser la situation d'un territoire amené à se développer. La prise en compte du marketing territorial implique dans le même temps pour un territoire d'être capable de fournir un état des lieux de sa situation au regard de la sphère économique, environnementale et sociale. A ce titre, les expériences menées depuis plus d'une décennie dans différentes collectivités territoriales aux Etats-Unis et que l'on regroupe plus précisément sous le vocable de « Community Indicators » méritent que l'on s'y arrête quelque peu avant de décliner cette méthodologie à la mise en place d'un indicateur synthétique d'attractivité du territoire durable pour la ville de Loos en Gohelle.

CHAPITRE 3 :

LES PRINCIPES DE CONSTRUCTION D'UN INDICATEUR SYNTHETIQUE D'ATTRACTIVITE DU TERRITOIRE DURABLE

Afin de mieux comprendre l'intérêt pour la ville de Loos en Gohelle de mettre en place un indicateur d'attractivité du territoire durable, il convient au préalable d'examiner attentivement les expériences de construction des indicateurs communautaires par les collectivités territoriales américaines en retraçant brièvement l'historique, d'en lister les conditions de réussite avant de mettre en évidence une méthodologie pour Loos en Gohelle.

Section 1) Les expériences « communautaires » dans l'histoire

On peut définir les indicateurs de communauté comme ceux permettant de mesurer les interfaces entre les facteurs sociaux, environnementaux et économiques susceptibles d'affecter le bien-être d'une région ou d'une collectivité, une ville par exemple. Ce concept n'est pas novateur dans la mesure où il est apparu pour la première fois aux Etats-Unis en 1910 quand la Russell Sage Fondation avait lancé un certain nombre d'études visant à mesurer localement l'influence des facteurs liés aux loisirs et à l'éducation notamment. Cette approche fut à nouveau à l'honneur à la fin des années 1990 lorsque cette même fondation a réutilisé la même méthodologie ayant pour cadre cette fois-là la ville de Pittsburgh, la différence avec l'approche initiale résidant dans le fait que l'ensemble des facteurs contribuant au bien-être des individus est désormais pris en compte alors que les premières enquêtes ne testaient qu'un facteur isolé, (Philips, 2003). Depuis lors, l'expérience tentée à Pittsburgh a fait tache d'huile aux Etats-Unis ainsi qu'au Canada, en Australie et en Nouvelle-Zélande mais relativement peu en Europe à l'exception de certaines expériences initiées localement en Allemagne à Iserlohn, (Valentin et Spangenberg, 2000). Les travaux de Salvaris (2000) nous permettent de mieux saisir l'importance de promouvoir une telle démarche au sein d'une zone géographique clairement identifiée, ils nous aident également à mieux comprendre pourquoi ces initiatives se sont multipliées à travers le monde mais surtout principalement au sein du monde anglo-saxon depuis maintenant deux décennies.

Ce foisonnement d'initiatives locales trouve sa source dans la conjonction de trois éléments. Tout d'abord, il apparaît que l'étendue des problèmes économiques et sociaux dans une société moderne nécessite des solutions à l'échelle d'une collectivité dans son ensemble. Dans un deuxième temps, il semblerait que l'expression de la démocratie dans les sociétés modernes connaisse quelques turbulences dans la mesure où elle semble s'affaiblir en même temps que des principes comme la vie en communauté et la citoyenneté s'étiolent. Ce phénomène semble avoir plusieurs origines : la taille et la complexité des instances de décision et de la société en règle générale ; la globalisation et la perte d'autonomie des politiques nationales, le manque de confiance dans les principales forces politiques d'un pays et les restrictions budgétaires affectant les programmes sociaux et les constructions d'infrastructures publiques. L'ensemble de ces éléments se traduisent par une désaffection du citoyen pour sa collectivité marquée par une augmentation de l'abstention aux élections, une moindre participation à la vie associative en même temps que le développement de réflexes où le citoyen laisse de plus en plus de place au « consommateur ». Salvaris reconnait implicitement qu'il n'existe pas qu'une seule solution pour remédier à ces problèmes mais que tout le monde semble tomber d'accord sur quelques remèdes applicables visant à corriger cet état de fait. Les pistes d'études que Salvaris préconise pourraient se décliner de la manière suivante :

— « promouvoir un nouveau processus de participation locale » ;

— « adopter une approche holistique de « communauté viable de projets », pas uniquement basée sur l'égalité formelle de traitement ou l'amélioration des services à la personne » ;

— « mettre en place des actions visant à élaborer une gouvernance locale plus significative et coopérative destinée à la fois à restaurer la confiance en la société en même temps que de bâtir des collectivités plus fortes » ;

— « créer des forums et des processus plus démocratiques et plus ouverts afin de résoudre les éventuels conflits d'intérêts en étendant les possibilités d'une plus grande participation des citoyens dans la gouvernance ».

Pour finir, il apparaît surtout que l'élément essentiel trouve sa source dans le challenge initié à la fois par les collectivités locales et la population consistant à définir et à mesurer ensemble le progrès et le bien-être d'une zone d'habitation. Définir et mesurer le progrès et le bien-être conduit inévitablement à l'élaboration d'instruments de mesure prenant la forme classique d'indicateurs.

Section 2) Les conditions de réussite des expériences « communautaires »

Certains auteurs définissent plus précisément les paramètres indispensables à la réussite d'expériences visant à construire ces indicateurs de communauté en distinguant d'abord des paramètres généraux en se focalisant ensuite sur des facteurs plus politiques (Dluhy et Swartz, 2006). Par rapport aux paramètres généraux, ils distinguent cinq éléments principaux :

— *le besoin d'une structure idéologique ou conceptuelle préalable à l'entame de ce type de démarche ;*

« La réussite des projets d'indicateurs de communauté s'appuie toujours sur des indicateurs se référant à une norme précise, les indicateurs élaborés en dehors de toutes références théoriques diminuent considérablement les chances de parvenir à élaborer des politiques efficaces face à un état des lieux avéré. Les communautés défendent un certain nombre de principes et de valeurs et les indicateurs se doivent de les légitimer ».

L'expérience initiée par la ville de Seattle[1] est particulièrement significative de cet état d'esprit. En effet, Seattle s'est engagée résolument dans la promotion du développement durable à l'échelle de son agglomération en privilégiant un développement économique respectueux des ressources naturelles, augmentant la qualité de l'environnement et réduisant également la consommation d'énergies. Dans cette optique, il n'est pas étonnant de constater l'existence d'indicateurs comme la consommation d'eau des habitants ou encore la quantité de déchets solides recyclés. Dans le même temps, les expériences de construction d'indicateurs sociaux aux Etats-Unis au cours des années 1960 s'expliquaient alors par la prise de conscience de la part des autorités gouvernementales des problèmes grandissants des inégalités entre les différentes catégories de populations, notamment entre les noirs et les blancs les conduisant à mettre en œuvre des politiques dans des domaines aussi variés que le logement ou l'accès au soin de santé.

— *des supports théoriques permettant d'expliquer les variations des indicateurs afin de mettre en place le cas échéant des politiques adéquates ;*

« S'appuyer sur un concept demeure nécessaire à l'élaboration d'indicateurs mais cela n'apparaît pas suffisant pour mettre en place une bonne politique en présence de variations significatives. Si le bon sens des individus pour expliquer la survenance de certains phénomènes n'est pas négligeable, on ne saurait toutefois se passer de références théoriques qui peuvent fournir des explications plus approfondies », (Cobb, 2000).

---

[1] Seattle, 2000, "*Sustainable Seattle*", http:// www.scn.org/sustainable/about.htm.

— *les indicateurs doivent être reconnus et acceptés par l'ensemble des parties prenantes pour être utilisés dans l'élaboration de politiques publiques ;*

« Les indicateurs se doivent d'être rigoureux et faire face à toutes les critiques potentielles, faute de quoi ils ne pourront servir de support à l'élaboration des politiques. (Hagerty et al, 2001) listent un ensemble de conditions qui doivent prévaloir dans l'élaboration des indicateurs de communauté » :

— « les indicateurs doivent être pertinents pour l'élaboration des politiques publiques » ;

— « les indicateurs doivent aider les responsables politiques à développer et à évaluer l'efficacité des programmes à tous les niveaux d'agrégation (individus, famille, quartiers, ville, agglomération, etc) » ;

— « les indicateurs doivent prendre appui sur des séries chronologiques facilitant leur contrôle et leur évaluation » ;

— « les indicateurs doivent se fonder sur des théories incontestables » ;

— « les composants des indicateurs doivent être fiables, valables et sensibles » ;

— « les indicateurs doivent avoir la capacité d'être mesurables à la fois d'un point de vue objectif comme subjectif ». Par exemple, sous l'angle objectif, il n'est pas rare de voir des indicateurs comme l'espérance de vie à la naissance, le taux de chômage ou encore le PIB. Sous un angle subjectif, on trouvera au contraire des indicateurs comme le sentiment de se sentir en sécurité ou la crainte des agressions ou encore la joie. Les indicateurs exhaustifs se doivent d'intégrer simultanément les deux dimensions ;

— « l'élément le plus important suppose que l'indicateur ne doive en aucun cas être large et flou, il doit se focaliser sur des variables précises servant ensuite de support aux politiques ».

— « établir un lien à chaque fois que cela apparaît possible entre les indicateurs et les politiques ayant été budgétisées » ;

Certains mettent en évidence le fait que durant plusieurs décennies, les gouvernements portaient peu d'attention à leurs résultats alors que depuis le milieu des années 1990, ils semblent obnubilés par l'efficacité de leur politique. L'exemple le plus intéressant nous est donné par l'État de l'Oregon qui fut le premier à évaluer les performances de ses politiques publiques mises en place et à y adapter son budget en conséquence. Voilà qui illustre bien les connexions que l'on cherche à établir aujourd'hui entre les indicateurs et la déclinaison des différentes politiques publiques mises en œuvre.

— *utiliser tous les moyens possibles pour recueillir les avis des citoyens préalablement à l'élaboration des indicateurs de communautés ;*

« La plupart des démarches préalables à la mise en place d'indicateurs de communauté se sont appuyées sur toute la panoplie possible des enquêtes utilisées habituellement pour les études marketing destinées à recueillir les attentes des consommateurs ». Ainsi, on a pu voir la mise en place de forums citoyens, de réunions publiques, de groupes témoins ou focus groups, de groupes d'études, d'enquêtes téléphoniques, de sondages à travers internet et des auditions publiques avec comme but essentiel, celui de solliciter l'avis des citoyens dans l'élaboration de cette démarche. « Favoriser les échanges avec les citoyens enrichit considérablement la mise au point d'indicateurs en les rendant ainsi plus pertinents à l'échelle de la collectivité tout entière » ; (Portney, 2003).

— *promouvoir l'appropriation de la démarche par les citoyen*s ;

« Les multiples expériences récentes d'élaboration d'indicateurs de communauté nous indiquent que le succès de telles initiatives repose sur le fait que la démarche doit rester participative et non conflictuelle, ce qui ne manquerait pas d'être le cas en adoptant une démarche « top down » ; (Swain, 2001).

— *ne pas faire du projet une création gouvernementale ou émanant du secteur privé, mais le rendre global ;*

« Favoriser la participation de toutes les parties prenantes constitue le socle des projets d'élaboration d'indicateurs communautaires en vue d'actions concrètes. Les représentants du secteur privé, les chambres de commerce mais aussi l'ensemble du secteur associatif qu'il soit religieux ou politiques sont tentés d'influer sur le choix des indicateurs ».

— *rechercher l'appui d'un partenaire extérieur au processus de choix des indicateurs ;*

« La recherche d'un consensus entre les différentes parties prenantes au projet implique de s'appuyer plus spécifiquement sur un partenaire extérieur qui n'a pas au départ d'intérêts spécifiques à défendre dans le projet. Ce choix permettra d'établir plus facilement un dialogue entre les différentes parties et les aider à élaborer les choix prioritaires dans le projet ».

Dans cette optique, Les autorités publiques ne peuvent assurer ce rôle car leurs choix peuvent être orientés.

— *trouver des moyens financiers auprès d'organismes indépendants pour assurer le bon fonctionnement du bureau de coordination du projet ;*

« La mise en place d'indicateurs de communauté ne peut se faire sans un minimum de coordination au sommet, cela suppose que l'on crée un bureau avec quelques personnes travaillant à mi ou à plein temps. L'existence même de ce bureau sous-entend implicitement de pouvoir disposer d'un certain nombre de moyens financiers provenant d'organismes indépendants ».

— *s'appuyer sur les médias dès le lancement du processus* ;

« Il apparaît évident que les médias peuvent constituer un vecteur de communication auprès de l'ensemble des parties prenantes pour relayer les principaux objectifs du projet. Un scepticisme des médias locaux constitue une raison suffisante pouvant conduire à l'échec, une initiative pourtant intéressante en théorie ».

— *trouver un porte-parole charismatique* ;

« La réussite de ce type de projet passe obligatoirement par la désignation d'un voire de plusieurs porte-paroles qui seront chargés essentiellement de véhiculer les messages. Dans cette optique, il convient de choisir des personnes qui de par leur fonction puissent légitimer le sérieux d'une telle initiative. D'anciens juges, d'anciens dirigeants d'entreprises ou d'anciens présidents d'universités correspondent à ces profils ».

— *réussir à atteindre les objectifs initiaux en se fixant des priorités* ;

« Pour réussir à atteindre tous les objectifs, il faut se fixer des priorités dès le départ. Il apparaît en effet évident que l'on peut atteindre difficilement toute une série d'objectifs s'ils apparaissent dispersés et relèvent de sphères différentes. Ainsi, diminuer le taux d'analphabétisme et s'engager à diminuer les émissions de gaz à effets de serre peut apparaître louable mais s'efforcer de les réaliser simultanément ne semble pas évident ».

Les principes généraux nécessaires à la réussite des politiques d'élaboration d'indicateurs de communauté ont été appliqués par plus de 200 collectivités aux Etats-Unis.

Après avoir mis en évidence les expériences « communautaires » aux Etats-Unis, expériences compatibles à la fois avec l'attractivité, le développement durable et l'utilisation d'indicateurs, il convient à présent de nous focaliser plus particulièrement sur la ville de Loos en Gohelle.

Les multiples expériences de mise en place de tableaux de bord d'indicateurs qu'ils soient destinées à mesurer l'attractivité d'un territoire ou le développement durable s'appuient sur une quantité importante d'indicateurs, souvent plus d'une centaine ! Sans sous-estimer l'intérêt de telles démarches qui permettent de capter précisément tous les aspects des concepts étudiés, nous avons résolument fait le choix de nous cantonner à 30 indicateurs, 10 pour chaque pilier respectif du développement durable : l'efficacité économique, la prudence écologique et l'équité sociale. Nous considérons que ce chiffre nous permet à la fois d'avoir une bonne vision à l'échelle d'une commune de ce que peut être l'attractivité durable en même temps qu'il implique une lecture plus fluide des résultats et de fait nous fait mieux comprendre les progrès restant à accomplir le cas échéant.

De la même manière, il nous est apparu utile de prendre en considération quatre paramètres dans notre démarche de construction des indicateurs :

— l'indicateur doit être compréhensible par l'ensemble de la population de la commune ;
— l'indicateur doit être compatible à la fois avec le développement durable et l'attractivité des territoires ;
— l'indicateur doit être calculable à l'échelle de la commune ;
— une politique municipale peut améliorer l'indicateur dans le futur.

Section 3) Méthodologie visant à la mise en place des indicateurs d'attractivité durable

Concernant la construction des indicateurs simples, il nous a semblé indispensable de mettre en place pour chaque indicateur une grille de lecture en même temps que de faire apparaître les principaux éléments constitutifs de l'attractivité d'un territoire.

Concernant la grille de lecture, si les quatre premiers items n'appellent pas de commentaires en particulier, les items 5, 7 et 10 méritent quelques explications complémentaires. Ainsi, l'item 5 nous indique la possibilité pour l'indicateur d'être applicable à d'autres échelons territoriaux, il nous est apparu nécessaire de ne pas cantonner notre démarche à la seule dimension municipale mais de l'appliquer à des zones géographiques plus vastes. Concernant l'item 7, l'étude des démarches communautaires américaines nous montrent que l'implication des parties prenantes est d'autant plus facile que ces dernières comprennent les enjeux politiques inhérents à chaque indicateur. Pour finir, l'item 10 se justifie pour plusieurs raisons, d'abord il légitime en premier lieu l'objet de sa sélection, il permet ensuite aux utilisateurs de le décliner plus finement pour obtenir le cas échéant des informations plus précises. Enfin, il nous montre les éventuelles limites à son utilisation et les pistes d'évolution par rapport à sa construction initiale.

Pour leur part, les déterminants relatifs à l'attractivité d'un territoire n'appellent pas de remarques particulières dans la mesure où l'auteur a repris les principaux items que l'on retrouve dans tous les travaux traitant du sujet.

§ 3.1) Grille de lecture relative à la mise en place des indicateurs ISACDAL

1) nom de l'indicateur ;
2) pilier du développement durable (économique, environnemental et social) ;
3) déterminants de l'attractivité ;
4) définition et mode de calcul de l'indicateur ;
5) applicabilité possible à d'autres échelons territoriaux ;

6) compatibilité de l'indicateur avec le développement durable et l'attractivité ;
7) perception de l'indicateur par les entreprises et les citoyens ;
8) disponibilités des données relatives à l'indicateur et organismes fournisseurs ;
9) politiques de la collectivité territoriale destinées à améliorer les performances de l'indicateur ;
10) commentaires, sous-indicateurs, limites à l'utilisation de l'indicateur et évolution possible de l'indicateur.

§ 3.2) Déterminants de l'attractivité d'un territoire

1) données économiques générales ;
2) population, éducation et formation ;
3) accessibilité ;
4) environnement, cadre de vie et transports ;
5) culture et patrimoine ;
6) sécurité et bien-être des habitants ;
7) logement ;
8) vie associative ;
9) santé ;
10) vie politique et gouvernance locale.

Ayant mis en évidence les modalités de construction de l'indicateur synthétique d'attractivité du territoire durable, nous allons successivement examiner : les indicateurs d'efficacité économique ; les indicateurs de prudence environnementale et les indicateurs d'équité sociale.

CHAPITRE 4 :

LES INDICATEURS SYNTHETIQUES D'ATTRACTIVITE DU TERRITOIRE DURABLE RELEVANT DE LA SPHERE ECONOMIQUE

Nous allons respectivement examiner les 10 indicateurs synthétiques d'attractivité du territoire durable relevant de la sphère économique.

Indicateur numéro 1	
Nom de l'Indicateur	**Revenu par habitant**
Pilier du développement durable (économique, environnemental, social)	Economique.
Déterminants de l'attractivité	Données économiques générales.
Définition et mode de calcul de l'indicateur simple	- Revenu disponible brut/population totale ; - (Revenu moyen par habitant le plus haut de France – Revenu moyen par habitant le plus bas en France en valeur absolu), graduation de 0 à 100, Indice simple 0 pour le niveau le plus bas, Indice simple 100 pour le niveau le plus haut.
Applicabilité possible à d'autres échelons territoriaux	Calcul possible pour la CALL, le Département ou la Région.
Compatibilité de l'indicateur avec le développement durable et l'attractivité	Un Revenu moyen par habitant élevé laisse entrevoir un territoire dynamique avec un taux de chômage moins élevé que la

	moyenne, l'indicateur n'apparaît pas incompatible avec la prudence environnementale si la majorité des activités liées à cette accroissement de la consommation est non polluante ; Un Revenu moyen constitue l'un des facteurs essentiels de l'attractivité d'un territoire, exemple, la région Ile de France ou Rhône-Alpes.
Perception de l'indicateur par les entreprises et les citoyens	Un Revenu moyen par habitant élevé est à la fois un élément important dans le choix de localisation des entreprises en même temps que des citoyens.
Disponibilités des données relatives à l'indicateur et organismes fournisseurs	Données disponibles auprès de l'INSEE.
Politiques de la collectivité territoriale destinées à améliorer les performances de l'indicateur	Les politiques de développement et d'aménagement de la ville de Loos en Gohelle sont de nature à améliorer ce ratio en accueillant une population plus qualifiée et disposant de plus de revenus. Cela permettrait également d'augmenter les recettes fiscales de la commune en accroissant le montant de la population assujettie aux impôts locaux.
Commentaires, existence de sous-indicateurs, limites à l'utilisation de l'indicateur et évolution possible de l'indicateur.	Les modalités de calcul du Revenu moyen par habitant font l'objet de controverses à l'instar du PIB dont il découle, il reste cependant l'un des indicateurs permettant des comparaisons aisées entre les zones.

Indicateur numéro 2	
Nom de l'Indicateur	**Taux de chômage**
Pilier du développement durable (économique, environnemental, social)	Économique
Déterminants de l'attractivité	Données économiques générales
Définition et mode de calcul de l'indicateur simple	- Nombre de chômeurs /Population active totale ; - Taux de chômage le plus élevé en France – Taux de chômage le plus faible en France, Indice simple 100 pour le taux de chômage le plus faible, indice simple 0 pour le taux de chômage le plus élevé.
Applicabilité possible à d'autres échelons territoriaux	Calcul du taux de chômage possible à l'échelle de la CALL, du Département et de la Région.
Compatibilité de l'indicateur avec le développement durable et l'attractivité	Un taux de chômage faible apparaît compatible avec l'efficacité économique, en outre, il minimise les risques d'exclusion sociale. Pour finir, il n'apparaît pas incompatible avec la prudence environnementale. Un faible taux de chômage demeure l'un des éléments clés de l'attractivité d'un territoire (idem que pour le PIB par habitant).
Perception de l'indicateur par les entreprises et les citoyens	Un faible taux de chômage témoigne du dynamisme d'une zone d'activité, cet élément est susceptible à la fois d'attirer les entreprises et les citoyens à s'y installer.
Disponibilités des données relatives à l'indicateur et organismes fournisseurs	Données fournies par Pôle Emploi, l'INSEE et la CALL.

Politiques de la collectivité territoriale destinées à améliorer les performances de l'indicateur	Les politiques de développement et d'aménagement d'une zone d'activité par la collectivité apparaissent susceptibles de diminuer le taux de chômage, en outre le choix de favoriser l'implantation d'activités non polluantes est compatible avec le développement durable.
Commentaires, existence de sous-indicateurs, limites à l'utilisation de l'indicateur et évolution possible de l'indicateur.	Un même taux de chômage peut masquer des situations différentes d'un territoire à l'autre. Dans cette optique, on peut faire apparaître en complément les sous-indicateurs suivants : Taux de chômage de longue durée : Chômeurs de plus d'un an/Nombre total de chômeurs et Taux de chômage des jeunes.

Indicateur numéro 3	
Nom de l'Indicateur	**Prix moyen du M^2**
Pilier du développement durable (économique, environnemental, social)	Économique
Déterminants de l'attractivité	Données économiques générales
Définition et mode de calcul de l'indicateur simple	- Prix moyen du M^2 pour les terrains constructibles, les acquisitions d'entreprises et de logements, les locations de bureaux et de logements ; - (Prix moyen du M^2 le plus haut en France – Prix moyen du M^2 le plus bas en France) graduation de 0 à 100, 0 pour le prix moyen le plus haut et 100 pour le prix moyen le plus bas.
Applicabilité possible à d'autres échelons territoriaux	Calcul possible à l'échelle de la CALL, du département et de

	la région
Compatibilité de l'indicateur avec le développement durable et l'attractivité	- Indicateur neutre compatible avec les trois piliers du développement durable ; - Un prix moyen au M^2 constitue un facteur important de localisation.
Perception de l'indicateur par les entreprises et les citoyens	Le prix moyen du M^2 demeure un élément important aux yeux d'un investisseur lorsqu'il choisit de s'implanter dans une zone, elle constitue un élément déterminant de la rentabilité d'un investissement. Il constitue un élément important dans le choix d'habiter une ville plutôt qu'une autre pour un citoyen.
Disponibilités des données relatives à l'indicateur et organismes fournisseurs	Chambre départementale des notaires du Pas de Calais, EPF du Nord-Pas de Calais.
Politiques de la collectivité territoriale destinées à améliorer les performances de l'indicateur	Le prix du M^2 dépend de l'offre et de la demande de logements disponibles et de terrains. La collectivité (Commune) peut jouer un rôle d'abord à travers son PLU en mettant à disposition des investisseurs potentiels et des citoyens désirant s'installer des terrains disponibles. La collectivité peut encourager la construction ou la réhabilitation de logements permettant ainsi d'augmenter l'offre.
Commentaires, existence de sous-indicateurs, limites à l'utilisation de l'indicateur et évolution possible de l'indicateur.	- Le prix du M^2 peut se révéler ambivalent au regard de l'attractivité du territoire. En effet, un prix du M^2 peut être intéressant pour un

	investisseur mais il peut signifier que l'offre apparaît dans ce cas largement supérieure à la demande témoignant ainsi d'un désintérêt pour la zone en question. A l'inverse, un prix du M^2 élevé peut être de nature à décourager les investisseurs et les résidents potentiels mais il peut signifier en même temps, une très forte attractivité de la zone avec une demande qui excède l'offre dans le cas présent, exemple des grandes métropoles et de certaines villes d'Ile de France ; Il peut être intéressant de faire apparaître des sous-indicateurs, par exemple : - Le prix moyen du M^2 pour les terrains constructibles ; - Le prix moyen du M^2 pour l'achat de logements ; - Le prix moyen du M^2 pour la location de logements.

Indicateur numéro 4	
Nom de l'Indicateur	**Nombre d'hôtels, de gîtes, de chambres d'hôtes et de restaurant pour 1000 habitants**
Pilier du développement durable (économique, environnemental, social)	Économique
Déterminants de l'attractivité	Données économiques générales

Définition et mode de calcul de l'indicateur simple	- Nombre d'hôtels et de restaurant/6,917 (6917 habitants : 1000) ; - (Taux le plus élevé en France – Taux le moins élevé en France) graduation de 0 à 100, 0 pour 0 pour 1000, 100 pour le taux le plus élevé
Applicabilité possible à d'autres échelons territoriaux	Calcul possible à l'échelle de la CALL, du département et de la région.
Compatibilité de l'indicateur avec le développement durable et l'attractivité	Indicateur compatible avec les trois piliers du développement durable. Indicateur compatible avec l'attractivité d'un territoire, la présence d'hôtels et de restaurants joue un rôle non négligeable dans les choix de localisation des activités.
Perception de l'indicateur par les entreprises et les citoyens	Les entreprises peuvent apprécier de pouvoir disposer d'hôtels et de restaurants à proximité de leur siège. Les citoyens potentiels sont sensibles au fait de disposer d'un choix large de restaurants.
Disponibilités des données relatives à l'indicateur et organismes fournisseurs	Données disponibles auprès des services municipaux, des syndicats d'initiatives, des offices du tourisme, de la BPE et de l'INSEE.
Politiques de la collectivité territoriale destinées à améliorer les performances de l'indicateur	Une collectivité peut encourager les investisseurs à construire des hôtels ou à ouvrir des restaurants.
Commentaires, existence de sous-indicateurs, limites à l'utilisation de l'indicateur et évolution possible de l'indicateur.	L'indicateur a une importance encore plus forte dans les zones touristiques, le classement à l'UNESCO d'une part, l'ouverture du Louvre Lens d'autre part laisse penser que le

	territoire peut devenir un territoire touristique. Il peut être intéressant de faire apparaître deux sous-indicateurs : - Nombre d'hôtels pour 1000 habitants ; - Nombre de chambres d'hôtes pour 1000 habitants ; - Nombre de chambres de gîtes pour 1000 habitants ; - Nombre de restaurants pour 1000 habitants. Par ailleurs, il peut être intéressant de calculer non pas le nombre de lieux d'hébergement et de restauration mais le nombre de nuitées disponibles et le nombre de places.

Indicateur numéro 5	
Nom de l'Indicateur	**Taux d'accroissement total de la population annuelle**
Pilier du développement durable (économique, environnemental, social)	Économique
Déterminants de l'attractivité	Population, Emploi et Formation
Définition et mode de calcul de l'indicateur simple	(Population totale à la fin de l'année n –Population totale au début de l'année/Population totale au début de l'année) x 100 - Taux maximum en France – Taux minimum, graduation de 0 à 100, 0 pour le taux le plus faible et 100 pour le taux le plus élevé.

Applicabilité possible à d'autres échelons territoriaux	Calcul possible à l'échelle de la CALL, du département et de la région.
Compatibilité de l'indicateur avec le développement durable et l'attractivité	Compatibilité de l'indicateur avec les trois piliers du développement durable. Compatibilité avec l'attractivité, un taux d'accroissement élevé demeure l'un des symboles les plus évidents de l'attractivité d'une zone.
Perception de l'indicateur par les entreprises et les citoyens	Un taux d'accroissement élevé témoigne de l'attractivité d'une zone, les entreprises peuvent y avoir intérêt à s'y localiser afin de profiter d'une demande de proximité importante. De la même manière, on peut estimer qu'une zone qui voit sa population augmenter apparaît de nature à créer une dynamique d'installation pour d'autres citoyens potentiels.
Disponibilités des données relatives à l'indicateur et organismes fournisseurs	Données disponibles auprès de l'INSEE, éventuellement auprès des Collectivités concernées.
Politiques de la collectivité territoriale destinées à améliorer les performances de l'indicateur	La collectivité dispose de toute une série de domaines d'intervention, principalement le développement économique de son territoire mais également le développement culturel pour retenir dans un premier temps sa population et pour en attirer d'autres.
Commentaires, existence de sous-indicateurs, limites à l'utilisation de l'indicateur et évolution possible de l'indicateur.	L'accroissement total de la population se subdivise en deux composantes : - L'accroissement naturel ; - Le solde migratoire. - L'accroissement naturel se

calcule de la manière suivante : Nombre de naissances – Nombre de décès. Pour obtenir le taux d'accroissement naturel, on multiplie le chiffre par 1000 et l'on rapporte à la population moyenne au cours de l'année, on divise finalement par 10 pour obtenir un pourcentage ;

- Le solde migratoire se calcule de la manière suivante : Nombre d'entrants sur le territoire – nombre de sortants du territoire. Pour obtenir le taux net de migration, on multiplie ce chiffre par 1000 et l'on divise ensuite par la population moyenne au milieu de l'année, on divise finalement par 10 pour obtenir un pourcentage.

Dans cette optique, on peut estimer que les politiques municipales visant à accroître la population se focaliseront plus particulièrement sur le solde migratoire que sur l'accroissement naturel !

Pour terminer, il nous faut souligner le fait qu'un accroissement trop important de la population d'une ville peut se révéler contradictoire avec le pilier environnemental du développement durable. En effet, des phénomènes d'encombrements et d'aménagements du territoire chaotique peuvent survenir alors. Dans cette optique, on considérera dans le calcul de

	l'indice simple que le taux moyen maximum d'accroissement de la population annuel compatible avec la durabilité est plafonné à + 2 % pour la borne supérieure et à -2 % pour la bonne inférieure !

Indicateur numéro 6	
Nom de l'Indicateur	**Pourcentage de la population ayant poursuivi des études supérieures**
Pilier du développement durable (économique, environnemental, social)	Économique
Déterminants de l'attractivité	Population, Emploi et Formation
Définition et mode de calcul de l'indicateur simple	- Population de la zone d'études ayant obtenu au moins un diplôme Bac + 2/ Population de la zone d'étude x 100 ; - Indice simple 0 pour 0 % de la population, Indice 100 pour 100 % de la population.
Applicabilité possible à d'autres échelons territoriaux	Calcul possible à l'échelle de la CALL, du département et de la région.
Compatibilité de l'indicateur avec le développement durable et l'attractivité	Indicateur compatible avec les trois piliers du développement durable. Indicateur compatible avec l'attractivité d'un territoire. Une part importante de la population bien formée laisse entrevoir la présence d'activités à forte valeur ajoutée.
Perception de l'indicateur par les entreprises et les citoyens	Les entreprises choisissant d'investir dans une zone sont très sensibles au fait de

	pouvoir disposer d'une abondante main d'œuvre qualifiée. Les citoyens potentiels peuvent être sensibles au fait d'avoir dans leur entourage des habitants disposant d'un bon niveau d'études, exemple de l'attractivité des grandes villes.
Disponibilités des données relatives à l'indicateur et organismes fournisseurs	Données disponibles auprès de l'INSEE
Politiques de la collectivité territoriale destinées à améliorer les performances de l'indicateur	La collectivité peut avoir une politique d'attractivité des diplômés (offre culturelle, offre de logement, etc). Elle peut également mener des actions de sensibilisation auprès de certains parents résidant dans la commune afin qu'ils motivent leurs enfants à poursuivre des études supérieures.
Commentaires, existence de sous-indicateurs, limites à l'utilisation de l'indicateur et évolution possible de l'indicateur.	La part de la population ayant suivi des études supérieures demeure un élément important de l'attractivité d'un territoire. On peut éventuellement faire apparaître les sous-indicateurs suivants : - Part de la population ayant un niveau BAC + 5 ; - Part de la population ayant un niveau BAC + 8.

Indicateur numéro 7	
Nom de l'Indicateur	**Pourcentage de la population ayant moins de 25 ans**
Pilier du développement durable (économique, environnemental, social)	Économique
Déterminants de l'attractivité	Population, Emploi et Formation
Définition et mode de calcul de l'indicateur simple	- Part de la population ayant moins de 25 ans au sein de la zone/Population totale de la zone ; - (Part de la population ayant moins de 25 ans la plus élevé en France – part de la population ayant moins de 25 ans la moins élevé en France), graduation de 0 à 100, 0 pour la part la plus faible, 100 pour la part la plus forte.
Applicabilité possible à d'autres échelons territoriaux	Calcul possible à l'échelle de la CALL, du département et de la région.
Compatibilité de l'indicateur avec le développement durable et l'attractivité	Indicateur compatible avec les trois piliers du développement durable. Indicateur compatible avec l'attractivité d'un territoire, la présence d'une population jeune au sein d'une zone témoigne implicitement d'un certain dynamisme.
Perception de l'indicateur par les entreprises et les citoyens	Un pourcentage important de jeunes au sein d'une zone est un élément déterminant dans le choix d'implantation d'une entreprise qui peut trouver par ce biais une main d'œuvre abondante. Dans le même sens, un territoire disposant d'une population

	jeune peut inciter d'autres jeunes à venir s'y installer.
Disponibilités des données relatives à l'indicateur et organismes fournisseurs	Données disponibles auprès de l'INSEE.
Politiques de la collectivité territoriale destinées à améliorer les performances de l'indicateur	La collectivité peut toujours à travers des politiques de développement économique et de développement culturel s'efforcer de garder ses jeunes sur son territoire en même temps que d'en attirer d'autres, exemple de Montpellier.
Commentaires, existence de sous-indicateurs, limites à l'utilisation de l'indicateur et évolution possible de l'indicateur.	La présence importante de jeunes sur un territoire attire principalement d'autres populations jeunes.

Indicateur numéro 8	
Nom de l'Indicateur	**Taux de logements neufs construits annuellement en M^2**
Pilier du développement durable (économique, environnemental, social)	Économique
Déterminants de l'attractivité	Logement
Définition et mode de calcul de l'indicateur simple	- Logements neufs construits annuellement sur le territoire en M^2/Logements existant sur le territoire en M^2 au début de la période ; - (Taux le plus élevé en France – Taux le moins élevé en France), graduation de 0 à 100, 0 pour la taux le plus faible et 100 pour le taux le plus élevé.

Applicabilité possible à d'autres échelons territoriaux	Calcul possible à l'échelle de la CALL, du Département et de la Région.
Compatibilité de l'indicateur avec le développement durable et l'attractivité	Compatibilité de l'indicateur avec les piliers du développement durable si les logements neufs sont estampillés HQE ou basse consommation pour le pilier environnemental et si les logements sont accessibles aux catégories les plus modestes de la population. Compatibilité avec l'attractivité d'un territoire dans la mesure où une proportion élevée de logements neufs laissent transparaître des logements plus fonctionnels et de qualité, susceptibles à la fois de faire baisser les prix au M^2 et d'attirer de nouvelles populations.
Perception de l'indicateur par les entreprises et les citoyens	La proportion de logements neufs au sein d'un territoire peut intéresser les entreprises si celles-ci ont besoin de main d'œuvres à la fois abondante et qualifiée. La proportion de logements neufs est un facteur d'attractivité supplémentaire d'une population désirant s'installer sur un territoire.
Disponibilités des données relatives à l'indicateur et organismes fournisseurs	Données disponibles auprès de la Collectivité concernée, auprès du service de l'urbanisme et éventuellement auprès des fédérations professionnelles du bâtiment et des services de l'État chargés du logement.

Politiques de la collectivité territoriale destinées à améliorer les performances de l'indicateur	Une collectivité territoriale peut favoriser la construction de logements neufs pour faire face à une demande croissante.
Commentaires, existence de sous-indicateurs, limites à l'utilisation de l'indicateur et évolution possible de l'indicateur.	La construction de logements neufs apparaît cruciale face à l'augmentation de la demande croissante de logements, on peut faire apparaître pour l'occasion deux sous-indicateurs : - Proportion d'appartements neufs en M^2 ; - Proportion de maisons neuves en M^2.

Indicateur numéro 9	
Nom de l'Indicateur	**Nombre de commerces et services hors médicaux et paramédicaux pour 1000 habitants**
Pilier du développement durable (économique, environnemental, social)	Économique
Déterminants de l'attractivité	Données économiques générales
Définition et mode de calcul de l'indicateur simple	- Nombre de commerces et services au sein de la zone (hors hôtels et restaurants et médicaux et paramédicaux)/6,917 ; - (Taux le plus élevé en France – Taux le moins élevé), graduation de 0 à 100, 0 pour le taux le plus faible, 100 pour le taux le plus élevé.
Applicabilité possible à d'autres échelons territoriaux	Calcul possible au niveau de la CALL, du département et de la région.

Compatibilité de l'indicateur avec le développement durable et l'attractivité	Indicateur compatible avec les trois piliers du développement durable si les commerces et services présents ne sont pas ou peu polluants. Indicateur compatible avec l'attractivité du territoire, un nombre important de commerce et de services au sein d'un territoire est un facteur qui compte dans la localisation d'une activité.
Perception de l'indicateur par les entreprises et les citoyens	Les entreprises peuvent être sensibles au fait de s'implanter dans un territoire avec beaucoup de commerce et de services témoignant ainsi d'un dynamisme de la zone, certains commerces comme celui de ventes de matériels de bureau à proximité de zones d'activités peuvent susciter leur intérêt. La présence de nombreux commerces et services au sein d'une zone reste un déterminant important dans la localisation des individus au sein d'un territoire.
Disponibilités des données relatives à l'indicateur et organismes fournisseurs	Données disponibles auprès de l'INSEE, du BPE et auprès des chambres de commerce.
Politiques de la collectivité territoriale destinées à améliorer les performances de l'indicateur	La collectivité territoriale peut avoir un rôle actif en matière d'aménagement de zones destinées à accueillir des commerces et des services.
Commentaires, existence de sous-indicateurs, limites à l'utilisation de l'indicateur et évolution possible de l'indicateur.	Une présence importante de commerces et de services au sein d'une zone reste un élément important de l'attractivité d'un territoire probablement plus dans l'esprit

	des citoyens que dans celui des entreprises. Un biais peut exister dans la mesure où certaines villes et c'est le cas de Loos en Gohelle sont situées au centre d'une grande agglomération avec deux villes : Lens et Liévin et la présence à proximité de nombreuses grandes surfaces susceptibles d'empêcher le développement des commerces locaux à l'échelle d'une petite ville. Cependant, il apparaît et c'est le cas de nombreuses villes identiques à Loos en Gohelle que l'implantation et le développement d'un commerce de proximité s'il s'accompagne d'une certaine qualité de service ne subit pas obligatoirement la concurrence à la fois des grandes villes et des grandes surfaces.

Indicateur numéro 10	
Nom de l'Indicateur	**Distance moyenne séparant l'Hôtel de Ville par rapport à une autoroute et une gare**
Pilier du développement durable (économique, environnemental, social)	Économique
Déterminants de l'attractivité	Accessibilité
Définition et mode de calcul de l'indicateur simple	- (Distance séparant l'Hôtel de Ville de la gare la plus proche + Distance séparant l'Hôtel de Ville de l'autoroute ou voie rapide la plus proche)/2 ; - (Distance moyenne la plus

	élevé observée en France – distance moyenne la plus faible observée en France), graduation de 0 à 100, 0 pour la distance la plus forte et 100 pour la distance la plus faible, on considérera pour l'occasion qu'un Hôtel de Ville se situe raisonnablement à une distance minimale d'une gare ou d'une autoroute, le seuil moyen minimal est fixé pour l'occasion à 1 kilomètre.
Applicabilité possible à d'autres échelons territoriaux	Difficulté dans le cas présent de transposer cet indicateur en l'état sur d'autres échelons territoriaux, le centre d'une zone plus large étant peu pertinent dans le cas présent. On peut imaginer comme indicateur d'accessibilité pour la CALL, le département ou la région, les indicateurs suivants : - Nombres de gares présentes sur le territoire ; - Nombres de kilomètres de voies ferrées traversant le territoire ; - Nombres de kilomètres d'autoroutes et de voies rapides traversant le territoire ; - Nombres de sorties d'autoroutes desservant le territoire.
Compatibilité de l'indicateur avec le développement durable et l'attractivité	Indicateur compatible avec le développement durable s'il permet de limiter les embouteillages et la circulation automobile sur le territoire. Indicateur compatible avec

	l'attractivité d'un territoire, plus ce dernier est facile d'accès plus il est attractif.
Perception de l'indicateur par les entreprises et les citoyens	Les entreprises vont être particulièrement sensibles au fait de pouvoir facilement accéder à un territoire, si ce dernier est bien desservi par une autoroute, voie rapide et se trouve à proximité d'une gare alors une entreprise choisira de s'y implanter. La même remarque peut être faite à propos des individus, on choisira d'habiter le plus souvent dans des endroits bien desservis par les voies de communication modernes.
Disponibilités des données relatives à l'indicateur et organismes fournisseurs	Dans le cas d'une commune, le calcul peut être fait par les services de la municipalité. Par rapport aux autres indicateurs pour des collectivités plus vastes d'un point de vue territorial, le calcul peut être fait par les services internes à chacune des collectivités.
Politiques de la collectivité territoriale destinées à améliorer les performances de l'indicateur	Dans le cas présent, la commune ne peut qu'inciter les promoteurs en charge des futurs aménagements ferroviaires et routiers à se positionner à proximité de la commune. Au niveau des autres collectivités, le lobbying de ces dernières reste un élément important dans l'aménagement des futures voies rapides et ferroviaires et dans le maintien des liaisons ferroviaires existantes.

Commentaires, existence de sous-indicateurs, limites à l'utilisation de l'indicateur et évolution possible de l'indicateur.	Cet indicateur pose certaines questions relatives à une parfaite adéquation avec les principes du développement durable notamment avec la prudence environnementale. Toutefois, cet indicateur apparaît être le plus emblématique de l'accessibilité à un territoire et à fortiori à son attractivité.

Chapitre 5 :

LES INDICATEURS SYNTHETIQUES D'ATTRACTIVITE DU TERRITOIRE DURABLE RELEVANT DE LA SPHERE ENVIRONNEMENTALE

Nous allons examiner respectivement les 10 indicateurs synthétiques d'attractivité du territoire durable relevant de la sphère environnementale.

Indicateur numéro 11	
Nom de l'Indicateur	**Part d'espaces verts et d'espaces naturels.**
Pilier du développement durable (économique, environnemental, social)	Environnemental
Déterminants de l'attractivité	Environnement, Cadre de Vie et Transports.
Définition et mode de calcul de l'indicateur simple	- Part d'espaces verts et d'espaces naturels en hectare/Superficie totale de la collectivité en hectare ; - (Part d'espaces verts et d'espaces naturels en hectare la plus élevée en France – Part d'espaces verts la plus faible en France), graduation de 0 à 100, 0 pour la part la plus faible et 100 pour la part la plus élevée.
Applicabilité possible à d'autres échelons territoriaux	Applicabilité possible à l'échelle de la CALL, du département et de la région.

Compatibilité de l'indicateur avec le développement durable et l'attractivité	Indicateur parfaitement compatible avec les piliers du développement durable. Indicateur parfaitement compatible avec l'attractivité d'un territoire, plus le territoire dispose d'espaces verts plus il apparaît attractif.
Perception de l'indicateur par les entreprises et les citoyens	La part des espaces verts et des espaces naturels n'est pas un indicateur prioritaire pour une entreprise mais en s'implantant dans une zone, elle pourrait être sensible à cet argument si elle doit faire venir un certain nombre de cadres. De la même manière, un citoyen décidé à s'implanter dans une zone sera sensible en règle générale au fait de pouvoir profiter de nombreux espaces verts et d'espaces naturels préservés.
Disponibilités des données relatives à l'indicateur et organismes fournisseurs	Dans le cadre d'une commune, les services techniques sont susceptibles de fournir cette information. Pour d'autres collectivités, les services internes à la collectivité ou la DREAL apparaissent susceptibles de fournir ce renseignement.
Politiques de la collectivité territoriale destinées à améliorer les performances de l'indicateur	La collectivité peut jouer un rôle important dans l'aménagement d'espaces verts (toutes catégories confondues) et de la préservation des espaces naturels au niveau d'une commune à travers le PLU. Pour les autres collectivités,

	les grands projets de territoire peuvent entrainer une augmentation de l'aménagement d'espaces verts.
Commentaires, existence de sous-indicateurs, limites à l'utilisation de l'indicateur et évolution possible de l'indicateur.	Cet indicateur apparaît probablement plus important d'un point de vue citoyen que d'un point de vue de l'entreprise. La distinction au sein d'un même indicateur entre les espaces verts et les espaces naturels peut laisser entrevoir deux types de politiques de la part de la collectivité, d'une part, une politique d'aménagement des espaces verts, d'autre part, une politique de préservation des espaces naturels. Même si la préservation des espaces verts et l'aménagement de certains espaces naturels apparaît tout autant envisageable. Pour conclure, on peut raisonnablement estimer que la part des espaces verts dans une ville puisse ne pas dépasser 50 % de la surface totale.

Indicateur numéro 12	
Nom de l'Indicateur	**Taux de pistes cyclables et de chemins aménagés (tous types de chemins)**
Pilier du développement durable (économique, environnemental, social)	Environnemental
Déterminants de l'attractivité	Environnement, Cadre de Vie et Transports.
Définition et mode de calcul de l'indicateur simple	- Nombre de kilomètres de pistes cyclables et de chemins aménagés (tous types de chemins)/ Nombre de routes et chemins sur la commune ; - (Valeur la plus élevée en France – Valeur la plus faible en France), Graduation de 0 à 100, 0 pour la valeur la plus faible et 100 pour la valeur la plus élevée
Applicabilité possible à d'autres échelons territoriaux	Calcul possible à l'échelle de la CALL, du département et de la région.
Compatibilité de l'indicateur avec le développement durable et l'attractivité	Indicateur compatible avec les trois piliers du développement durable. Indicateur compatible avec l'attractivité d'un territoire, l'existence de pistes cyclables et de chemin aménagés améliore le cadre de vie des habitants.
Perception de l'indicateur par les entreprises et les citoyens	Indicateur ayant une importance secondaire pour les entreprises mais qui constitue un facteur favorable pour attirer du personnel. Indicateur qui témoigne auprès des citoyens potentiels d'un bon cadre de vie.

Disponibilités des données relatives à l'indicateur et organismes fournisseurs	Données disponibles au sein des services techniques de la collectivité.
Politiques de la collectivité territoriale destinées à améliorer les performances de l'indicateur	Une collectivité peut aménager des chemins de randonnées et des pistes cyclables sur son territoire.
Commentaires, existence de sous-indicateurs, limites à l'utilisation de l'indicateur et évolution possible de l'indicateur.	Cet indicateur est particulièrement important pour les citoyens désireux de s'installer dans la commune. On peut faire apparaître les sous indicateurs suivants : - Nombre de kilomètres de pistes cyclables ; - Nombre de kilomètres de chemins aménagés (tous types de chemins).

Indicateur numéro 13	
Nom de l'Indicateur	**Quantité de nitrates par litres d'eau**
Pilier du développement durable (économique, environnemental, social)	Environnemental
Déterminants de l'attractivité	Santé
Définition et mode de calcul de l'indicateur simple	- Quantité de nitrate dans l'eau potable en mg/litre d'eau ; - Seuil de qualité fixé à 50 mg/l, si la Collectivité atteint 50 mg/l, on attribue l'indice 0, graduation de 0 à 100, 0,50 mg/l représente un point d'indice -
Applicabilité possible à d'autres échelons territoriaux	Calcul possible à l'échelle de la CALL, d'un département ou d'une région.

Compatibilité de l'indicateur avec le développement durable et l'attractivité	Indicateur compatible à la fois avec les trois piliers du développement durable et avec l'attractivité d'un territoire.
Perception de l'indicateur par les entreprises et les citoyens	Indicateur ayant une importance secondaire pour une entreprise sauf si une eau de qualité constitue un élément essentiel de son processus de production. Indicateur très important pour des habitants souhaitant s'installer au sein d'une zone, les débats autour de la qualité de l'eau prennent une place de plus en plus importante.
Disponibilités des données relatives à l'indicateur et organismes fournisseurs	Ministère des Affaires Sociales et de la Santé et organismes concessionnaires, données disponibles auprès des services techniques de la collectivité.
Politiques de la collectivité territoriale destinées à améliorer les performances de l'indicateur	La collectivité peut s'engager à achever le raccordement des habitations au réseau de collecte des eaux usées. Elle peut s'engager également à développer des actions de sensibilisation auprès des agriculteurs et des industriels présents sur la zone.
Commentaires, existence de sous-indicateurs, limites à l'utilisation de l'indicateur et évolution possible de l'indicateur.	La collecte de cet indicateur implique que certains prélè-vements sont effectués à partir des communes voisi-nes, c'est le cas de Loos en Gohelle couplée pour l'occa-sion avec Grenay. Les services de l'État ont la possibilité de fournir d'autres indicateurs sur la qualité de l'eau.

Indicateur numéro 14	
Nom de l'Indicateur	**Part de friches industrielles et commerciales**
Pilier du développement durable (économique, environnemental, social)	Environnemental
Déterminants de l'attractivité	Environnement, Cadre de Vie et Transports.
Définition et mode de calcul de l'indicateur simple	- Nombre d'hectares de friches industrielles et commerciales/Superficie totale de la zone d'étude ; - (Moyenne la plus élevée en France – Moyenne la plus faible en France), graduation de 0 à 100, 0 pour la moyenne la plus élevée et 100 pour la moyenne la plus faible.
Applicabilité possible à d'autres échelons territoriaux	Calcul possible à l'échelle de la CALL, du Département et de la Région.
Compatibilité de l'indicateur avec le développement durable et l'attractivité	Indicateur compatible avec les trois piliers du développement durable et avec l'attractivité d'un territoire. La présence sur un territoire de nombreuses friches industrielles et commerciales rend la zone peu attractive.
Perception de l'indicateur par les entreprises et les citoyens	Indicateur intéressant pour l'entreprise à deux titres, d'abord une zone avec beaucoup de friches témoigne d'un faible dynamisme économique et peut décourager des investisseurs potentiels. Ensuite, une présence importante de friches industrielles peut laisser espérer pour une entreprise la vente de terrains à un prix très compétitif à la condition que le terrain soit aménageable dans des délais

	raisonnables. D'un point de vue de l'habitant, la présence de nombreuses friches industrielles et commerciales laisse immanquablement des traces dans le paysage urbain et entraine des externalités négatives.
Disponibilités des données relatives à l'indicateur et organismes fournisseurs	Données disponibles auprès des services techniques de la Collectivité, de l'EPF et des services de l'État.
Politiques de la collectivité territoriale destinées à améliorer les performances de l'indicateur	La collectivité peut porter ses efforts sur le traitement et le réaménagement des friches industrielles et commerciales en bénéficiant le cas échéant d'un certain nombre d'aides, en provenance du FEDER par exemple.
Commentaires, existence de sous-indicateurs, limites à l'utilisation de l'indicateur et évolution possible de l'indicateur.	Il peut être intéressant de distinguer les friches industrielles des friches commerciales, les premières étant susceptibles de faire l'objet de traitements particuliers. Dans cette optique, on peut faire apparaître deux sous-indicateurs : - Part des friches industrielles ; - Part des friches commerciales.

Indicateur numéro 15	
Nom de l'Indicateur	**Part de la superficie territoriale classée en zone à risque**
Pilier du développement durable (économique, environnemental, social)	Environnemental
Déterminants de l'attractivité	Environnement, Cadre de Vie et Transports.

Définition et mode de calcul de l'indicateur simple	- Part de la superficie territoriale classée en zone à risque/Superficie totale de la zone d'étude ; - (Part la plus importante en France – Part la moins importante en France), graduation de 0 à 100, 0 pour la part la plus importante et 100 pour la part la plus faible.
Applicabilité possible à d'autres échelons territoriaux	Calcul possible à l'échelle de la CALL, du Département et de la Région.
Compatibilité de l'indicateur avec le développement durable et l'attractivité	Indicateur compatible avec les trois piliers du développement durable et avec l'attractivité d'un territoire. Une part importante d'un territoire classée en zone à risque est un élément qui diminue fortement l'attractivité.
Perception de l'indicateur par les entreprises et les citoyens	L'indicateur apparaît important pour une entreprise désireuse de s'installer sur un territoire, elle choisira d'autant plus un site que ce dernier est moins exposé à un risque quelconque. La même remarque peut être faite pour un habitant, ce dernier rechignera à s'installer dans une zone si cette dernière est entourée de zones à risque.
Disponibilités des données relatives à l'indicateur et organismes fournisseurs	Données disponibles auprès des services techniques de la collectivité et des services de l'État, CETE Nord-Picardie (Centre d'études techniques de l'équipement).

Politiques de la collectivité territoriale destinées à améliorer les performances de l'indicateur	La collectivité peut s'efforcer de réaliser des aménagements visant à diminuer les risques potentiels par exemple au niveau de l'irrigation, notamment. Elle peut également s'opposer à l'implantation d'une unité de production potentiellement dangereuse.
Commentaires, existence de sous-indicateurs, limites à l'utilisation de l'indicateur et évolution possible de l'indicateur.	La notion de risque demeure aujourd'hui l'objet de nombreux débats, certains risques sont par ailleurs difficilement décelables mais présentent un danger à terme, l'exemple des affaissements miniers dans l'arrondissement de Lens.

Indicateur numéro 16	
Nom de l'Indicateur	**Indice ATMO**
Pilier du développement durable (économique, environnemental, social)	Environnemental
Déterminants de l'attractivité	Santé
Définition et mode de calcul de l'indicateur simple	L'indice ATMO est élaboré à partir de 4 indicateurs de pollution atmosphérique : le dioxyde de soufre, le dioxyde d'azote, l'ozone et les particules en suspension, il est gradué de 0 à 10, un indice 0 signifie une qualité de l'air médiocre, un indice 10 signifie une qualité de l'air excellente. Dans cette optique, l'indice simple se calcule de la façon suivante, moyenne annuelle des observations de l'indice ATMO x 10 pour un indice

	gradué de 0 à 100.
Applicabilité possible à d'autres échelons territoriaux	Calcul possible à l'échelle de la CALL, du département et de la région.
Compatibilité de l'indicateur avec le développement durable et l'attractivité	Indicateur compatible avec les trois piliers du développement durable et avec l'attractivité d'un territoire. Un indice ATMO élevé suppose un air de bonne qualité et demeure un élément important de cette attractivité.
Perception de l'indicateur par les entreprises et les citoyens	Cet indicateur apparaît important pour une entreprise dans la mesure où un indice ATMO de mauvaise qualité laisse craindre des pressions encore plus fortes des parties prenantes incitant l'entreprise à prendre des mesures d'amélioration de son processus de production. Les habitants potentiels d'une zone sont de plus en plus sensibles à la qualité de l'air qu'ils seront susceptibles de respirer, le lien entre une mauvaise qualité de l'air et des pathologies respiratoires est largement admis aujourd'hui.
Disponibilités des données relatives à l'indicateur et organismes fournisseurs	Données disponibles auprès des AASQA (Associations Agréées de Surveillance de la Qualité de l'Air), du MEDD (Ministère de l'environnement et du développement durable) et de l'ADEME, données également disponibles auprès des services techniques.

Politiques de la collectivité territoriale destinées à améliorer les performances de l'indicateur	La collectivité peut jouer un rôle à moyen et à long terme sur l'amélioration de la qualité de l'air, en développant des infrastructures de transports collectifs, en incitant les entreprises à modifier leur processus de production, en mettant en place des actions de sensibilisation de la population.
Commentaires, existence de sous-indicateurs, limites à l'utilisation de l'indicateur et évolution possible de l'indicateur.	Il pourrait être intéressant de faire apparaître les quatre composantes de l'indice ATMO en vue de mettre en place des politiques plus ciblées.

Indicateur numéro 17	
Nom de l'Indicateur	**Montant moyen en kilos des déchets ménagers émis par la population annuellement**
Pilier du développement durable (économique, environnemental, social)	Environnemental
Déterminants de l'attractivité	Environnement, Cadre de Vie et Transports
Définition et mode de calcul de l'indicateur simple	- Quantité totale de déchets en kilos émis par la population / population totale ; - (Montant moyen maximum en France – Montant moyen minimum en France), graduation de 0 à 100, 0 pour le montant maximum et 100 pour le montant minimum
Applicabilité possible à d'autres échelons territoriaux	Calcul possible à l'échelle de la CALL, du Département et de la Région.

Compatibilité de l'indicateur avec le développement durable et l'attractivité	Indicateur compatible avec les trois piliers du développement durable et avec l'attractivité. Une zone émettant moins de déchets peut être considérée comme plus attractive.
Perception de l'indicateur par les entreprises et les citoyens	Les entreprises considéreront cet indicateur comme un indicateur secondaire dans la mesure où il s'agit de déchets ménagers. Les ménages seront plus sensibles au fait que les habitants d'une zone s'efforcent de diminuer leur montant de déchets ménagers.
Disponibilités des données relatives à l'indicateur et organismes fournisseurs	Données disponibles auprès des compagnies de collecte des déchets ménagers et de la CALL.
Politiques de la collectivité territoriale destinées à améliorer les performances de l'indicateur	La collectivité peut s'efforcer de sensibiliser les habitants à éviter toute forme de gaspillage et à mieux rationaliser l'élimination de leurs déchets.
Commentaires, existence de sous-indicateurs, limites à l'utilisation de l'indicateur et évolution possible de l'indicateur.	Il pourrait être intéressant de calculer la quantité de déchets émise par les entreprises et les administrations présentes sur la zone d'étude.

Indicateur numéro 18	
Nom de l'Indicateur	**Part du réseau routier urbain desservi par des lignes de bus et de tramways**
Pilier du développement durable (économique, environnemental, social)	Environnemental
Déterminants de l'attractivité	Environnement, cadre de vie et transports

Définition et mode de calcul de l'indicateur simple	- Lignes de bus en kilomètres sur le territoire urbain/Nombre de kilomètres de la voirie urbaine ; - Graduation de 0 à 100, 0 pour une collectivité n'ayant aucune ligne de bus et de tramways et 100 pour une collectivité ayant un réseau routier urbain desservi totalement par une ligne de bus.
Applicabilité possible à d'autres échelons territoriaux	Calcul possible à l'échelle de la CALL, d'un département et de la région.
Compatibilité de l'indicateur avec le développement durable et l'attractivité	Indicateur compatible avec les trois piliers du développement durable et l'attractivité d'un territoire. Une collectivité ayant une bonne desserte en bus et en tramways limite de fait la pollution atmosphérique (en fonction du mode de combustible utilisé par les bus !).
Perception de l'indicateur par les entreprises et les citoyens	Indicateur secondaire pour une entreprise mais qui lui donne une indication sur le volontarisme d'une collectivité en vue de lutter contre la pollution atmosphérique. Indicateur important pour les habitants potentiels de la zone qui seront sensibles aux efforts de la collectivité en matière de réduction de la pollution et en vue de favoriser son accessibilité.
Disponibilités des données relatives à l'indicateur et organismes fournisseurs	Données disponibles auprès des services techniques de la Collectivité et auprès des organismes de transports (TADAO).

Politiques de la collectivité territoriale destinées à améliorer les performances de l'indicateur	La collectivité a la possibilité de favoriser la création de lignes de bus et de tramways sur son territoire afin de renforcer son accessibilité.
Commentaires, existence de sous-indicateurs, limites à l'utilisation de l'indicateur et évolution possible de l'indicateur.	Cet indicateur peut laisser entrevoir deux sous-indicateurs en fonction du mode de déplacements : - Part du réseau urbain desservi par les bus ; - Part du réseau urbain desservi par les tramways. Certaines lignes de bus empruntent naturellement les mêmes routes pour desservir certaines destinations différentes, il convient alors de ne prendre en considération qu'une seule fois une voie de circulation même s'il fait l'objet de plusieurs parcours !

Indicateur numéro 19	
Nom de l'Indicateur	**Proportion de logements de moins de 5 ans**
Pilier du développement durable (économique, environnemental, social)	Environnemental
Déterminants de l'attractivité	Logement
Définition et mode de calcul de l'indicateur simple	- Nombre de logements construits il y a moins de 5 ans/Nombre de logements sur la commune ; - (Part la plus élevée en France – Part la moins élevée en France), Graduation de 0 à 100, 0 pour la part la plus faible et 100 pour la part la plus élevée.

Applicabilité possible à d'autres échelons territoriaux	Calcul possible à l'échelle de la CALL, du Département et de la Région.
Compatibilité de l'indicateur avec le développement durable et l'attractivité	Indicateur compatible avec les trois piliers du développement durable et l'attractivité des territoires. Un territoire disposant d'une part importante de logements de moins de 5 ans contribue à son attractivité.
Perception de l'indicateur par les entreprises et les citoyens	Indicateur intéressant pour les habitants potentiels qui trouveront un intérêt supplémentaire à s'installer dans une zone où ils pourront disposer d'une proportion importante de logements récents. Les entreprises, pour leur part peuvent être sensibles au fait que certains de leurs salariés puissent trouver plus facilement des logements neufs.
Disponibilités des données relatives à l'indicateur et organismes fournisseurs	Données disponibles auprès des services de l'urbanisme de la collectivité, auprès des services techniques des autres collectivités.
Politiques de la collectivité territoriale destinées à améliorer les performances de l'indicateur	La collectivité peut augmenter sensiblement à moyen et à long terme le pourcentage de logements de moins de 5 ans.
Commentaires, existence de sous-indicateurs, limites à l'utilisation de l'indicateur et évolution possible de l'indicateur.	Il peut être intéressant de faire apparaître deux sous indicateurs : - La part de logements de moins de 5 ans ; - La part des bâtiments de moins de 5 ans.

Indicateur numéro 20	
Nom de l'Indicateur	**Part des entreprises ayant entrepris une démarche de certification environnementale**
Pilier du développement durable (économique, environnemental, social)	Environnemental
Déterminants de l'attractivité	Environnement, cadre de vie et transports
Définition et mode de calcul de l'indicateur simple	- Pourcentage d'entreprises au sein de la zone ayant entrepris une démarche de certification ISO 14001/Nombre d'entreprises présentes sur le territoire ; - Graduation de 0 à 100, 0 pour 0 % et 100 pour 10 % d'entreprises ayant entrepris une démarche de certification environnementale (borne supérieure).
Applicabilité possible à d'autres échelons territoriaux	Calcul possible à l'échelle de la CALL, du département et de la région.
Compatibilité de l'indicateur avec le développement durable et l'attractivité	Indicateur compatible avec les trois piliers du développement durable et compatible avec l'attractivité d'un territoire. Un pourcentage important d'entreprises ayant effectué une démarche de certification au sein d'un territoire limite normalement les atteintes à l'environnement.
Perception de l'indicateur par les entreprises et les citoyens	L'indicateur peut apparaître secondaire aux yeux des chefs d'entreprise, sauf si ces derniers ont une attitude volontariste en matière environnementale. Les habitants potentiels d'une zone seront sensibles au fait d'avoir à proximité des entreprises qui s'engagent à mieux respecter

	l'environnement.
Disponibilités des données relatives à l'indicateur et organismes fournisseurs	Données disponibles auprès des entreprises après enquête, auprès des CCI et des organismes certificateurs.
Politiques de la collectivité territoriale destinées à améliorer les performances de l'indicateur	La collectivité peut inciter les entreprises à effectuer ce type de démarche éventuellement en leur accordant des aides.
Commentaires, existence de sous-indicateurs, limites à l'utilisation de l'indicateur et évolution possible de l'indicateur.	Il peut être intéressant de ne pas s'en tenir à la seule certification environnementale mais prendre en considération, les certifications ISO 9000 et 26000.

CHAPITRE 6 :

LES INDICATEURS SYNTHETIQUES D'ATTRACTIVITE DU TERRITOIRE DURABLE RELEVANT DE LA SPHERE SOCIALE

Nous allons examiner respectivement les 10 indicateurs synthétiques d'attractivité du territoire durable relevant de la sphère sociale.

Indicateur numéro 21	
Nom de l'Indicateur	**Part de la population ayant effectué au moins une démarche auprès du CCAS au cours d'une année**
Pilier du développement durable (économique, environnemental, social)	Social
Déterminants de l'attractivité	Sécurité et bien-être des habitants
Définition et mode de calcul de l'indicateur simple	- Part de la population ayant effectué au moins une démarche auprès du CCAS au cours d'une année/population totale de la zone ; - (Part la plus élevée en France – Part la moins élevée en France), graduation de 0 à 100, 100 pour la part la plus faible et 0 pour la part la plus élevée.
Applicabilité possible à d'autres échelons territoriaux	Calcul possible à l'échelle de la CALL, du département et de la région, (moyenne des parts de chaque CCAS).

Compatibilité de l'indicateur avec le développement durable et l'attractivité	Indicateur parfaitement compatible avec l'efficacité économique et l'équité sociale, neutre par rapport à la prudence environnementale. Indicateur compatible avec l'attractivité d'un territoire, une part faible de la population ayant recours au CCAS témoigne d'une zone dynamique d'un point de vue économique.
Perception de l'indicateur par les entreprises et les citoyens	L'indicateur est ambivalent pour les entreprises, il peut être un élément favorable à la localisation des activités si l'entreprise recherche une main d'œuvre peu qualifiée et au chômage. A l'inverse, si l'entreprise recherche du personnel hautement qualifié alors elle pourrait ne pas investir. D'un point de vue de l'habitant potentiel, une proportion importante de citoyens ayant recours au CCAS témoigne de grosses difficultés dans la zone.
Disponibilités des données relatives à l'indicateur et organismes fournisseurs	Données disponibles au sein du ou des CCAS si le calcul s'effectue au niveau de la CALL ou d'une zone plus vaste encore.
Politiques de la collectivité territoriale destinées à améliorer les performances de l'indicateur	La collectivité territoriale peut à travers sa politique de développement économique réduire les situations précaires de certains individus.
Commentaires, existence de sous-indicateurs, limites à l'utilisation de l'indicateur et évolution possible de l'indicateur.	Les démarches auprès des CCAS étant par nature multiples, il peut être intéressant de faire apparaître des sous-indicateurs en fonction des démarches effectuées, par exemple :

	- Part des habitants ayant effectué une démarche auprès du CCAS pour obtenir le RSA ; - Part des habitants ayant effectué une démarche auprès du CCAS pour obtenir une aide d'urgence.

Indicateur numéro 22	
Nom de l'Indicateur	**Taux de participation aux élections locales et nationales**
Pilier du développement durable (économique, environnemental, social)	Social
Déterminants de l'attractivité	Vie politique et gouvernance locale
Définition et mode de calcul de l'indicateur simple	- Taux de participation aux dernières élections municipales, législatives et présidentielles au deuxième tour/3 ; - (Taux le plus élevé en France – Taux le moins élevé en France), graduation de 0 à 100, 0 pour le taux le plus faible et 100 pour le taux le plus élevé.
Applicabilité possible à d'autres échelons territoriaux	Calcul possible à l'échelle de la CALL, du département et de la région.
Compatibilité de l'indicateur avec le développement durable et l'attractivité	Indicateur compatible avec les trois piliers du développement durable mais essentiellement par rapport à la bonne gouvernance (inclus dans l'équité sociale) et neutre pour les deux autres piliers. Indicateur compatible avec l'attractivité d'un territoire, un territoire marqué par une forte abstention laisse craindre de manière implicite des difficultés.

Perception de l'indicateur par les entreprises et les citoyens	Indicateur secondaire pour les entreprises même si des taux très faibles ne sont jamais de bon augure. L'indicateur est neutre au regard des habitants potentiels même si l'on ne peut exclure qu'un fort civisme peut être à la marge, un élément de la localisation.
Disponibilités des données relatives à l'indicateur et organismes fournisseurs	Données disponibles auprès de la commune ou de la Préfecture pour des zones plus vastes.
Politiques de la collectivité territoriale destinées à améliorer les performances de l'indicateur	La collectivité dans le cas présent peut inciter les citoyens à aller voter par des actions de sensibilisation qui leurs sont propres.
Commentaires, existence de sous-indicateurs, limites à l'utilisation de l'indicateur et évolution possible de l'indicateur.	Il peut être intéressant de distinguer les taux de participation aux trois scrutins : - Taux de participation aux élections municipales ; - Taux de participation aux élections législatives ; - Taux de participation aux élections présidentielles. En cas d'élections au premier tour, ce sont ces chiffres qui seront comptabilisés.

Indicateur numéro 23	
Nom de l'Indicateur	**Nombre d'associations pour 1000 habitants**
Pilier du développement durable (économique, environnemental, social)	Social
Déterminants de l'attractivité	Vie associative
Définition et mode de calcul de l'indicateur simple	- Nombre d'association sur la zone d'étude/6,917 ;

	- (Taux le plus élevé en France – Taux le moins élevé), graduation de 0 à 100, 0 pour le taux le plus faible et 100 pour le taux le plus élevé.
Applicabilité possible à d'autres échelons territoriaux	Calcul possible à l'échelle de la CALL, du département et de la région.
Compatibilité de l'indicateur avec le développement durable et l'attractivité	Indicateur compatible avec les trois piliers du développement durable, essentiellement avec l'équité sociale mais neutre pour les deux autres. Indicateur compatible avec l'attractivité du territoire, une zone avec beaucoup d'associations demeure un facteur favorable à l'attractivité.
Perception de l'indicateur par les entreprises et les citoyens	Indicateur secondaire pour les entreprises mais qui leur indique qu'une zone apparaît dynamique au niveau associatif. D'un point de vue de l'habitant potentiel, cet indicateur apparaît plus important, certains citoyens recherchent une vie associative dense là où ils s'installent.
Disponibilités des données relatives à l'indicateur et organismes fournisseurs	Données disponibles en sous-préfecture et également au sein des services municipaux.
Politiques de la collectivité territoriale destinées à améliorer les performances de l'indicateur	La collectivité locale peut chercher à développer la vie associative en octroyant par ailleurs un certain nombre de subventions à celles qui existent déjà.
Commentaires, existence de sous-indicateurs, limites à l'utilisation de l'indicateur et évolution possible de l'indicateur.	Cet indicateur peut apparaître secondaire au regard de nombreuses entreprises, mais l'importance du nombre d'associations témoigne d'un certain dynamisme d'un territoire.

Indicateur numéro 24	
Nom de l'Indicateur	**Nombre de salles de spectacles, de musées, d'équipements culturels pour 1000 habitants**
Pilier du développement durable (économique, environnemental, social)	Social
Déterminants de l'attractivité	Culture et patrimoine
Définition et mode de calcul de l'indicateur simple	- Nombre de salles de spectacles, de musées, d'équipements culturels au sein de la zone/6,971 ; - (Taux le plus élevé en France – Taux le plus faible en France), Graduation de 0 à 100, 0 pour le taux le plus faible et 100 pour le taux le plus élevé.
Applicabilité possible à d'autres échelons territoriaux	Calcul possible à l'échelle de la CALL, du Département et de la Région.
Compatibilité de l'indicateur avec le développement durable et l'attractivité	Indicateur compatible avec les trois piliers du développement durable, à la condition que les équipements existants respectent les normes environnementales. Indicateur compatible avec l'attractivité d'un territoire, plus les équipements sont nombreux plus la zone sera attractive.
Perception de l'indicateur par les entreprises et les citoyens	Indicateur qui apparaît important pour une entreprise si cette dernière souhaite attirer un personnel qualifié qui sera sensible au fait de pouvoir disposer d'équipements. D'une manière plus générale, la présence de multiples équipements au sein d'une zone reste un élément important dans

	le choix de localisation des habitants.
Disponibilités des données relatives à l'indicateur et organismes fournisseurs	Données disponibles auprès des services de la collectivité, des offices de tourisme, des syndicats d'initiative et de la DRAC.
Politiques de la collectivité territoriale destinées à améliorer les performances de l'indicateur	La collectivité peut favoriser la création et le développement de salles de spectacles, de musées et d'équipements culturels sur le territoire.
Commentaires, existence de sous-indicateurs, limites à l'utilisation de l'indicateur et évolution possible de l'indicateur.	Il peut être intéressant de faire apparaître les sous-indicateurs suivants : - Nombre de salles de spectacles ; - Nombre de musées ; - Nombre de bibliothèques.

Indicateur numéro 25	
Nom de l'Indicateur	**Nombre d'équipements sportifs pour 1000 habitants**
Pilier du développement durable (économique, environnemental, social)	Social
Déterminants de l'attractivité	Culture et patrimoine
Définition et mode de calcul de l'indicateur simple	- Nombre d'équipements sportifs au sein de la zone/6,971 ; - (Taux le plus élevé en France – Taux le plus faible en France), Graduation de 0 à 100, 0 pour le taux le plus faible et 100 pour le taux le plus élevé.
Applicabilité possible à d'autres échelons territoriaux	Calcul possible à l'échelle de la CALL, du département et de la région.

Compatibilité de l'indicateur avec le développement durable et l'attractivité	Indicateur compatible avec les trois piliers du développement durable, à la condition que les équipements existants respectent les normes environnementales. Indicateur compatible avec l'attractivité d'un territoire, plus les équipements sont nombreux plus la zone sera attractive.
Perception de l'indicateur par les entreprises et les citoyens	Indicateur qui apparaît important pour une entreprise si cette dernière souhaite attirer un personnel qualifié qui sera sensible au fait de pouvoir disposer d'équipements sportifs de qualité. D'une manière plus générale, la présence de multiples équipements sportifs au sein d'une zone reste un élément important dans le choix de localisation des habitants.
Disponibilités des données relatives à l'indicateur et organismes fournisseurs	Données disponibles auprès des services municipaux.
Politiques de la collectivité territoriale destinées à améliorer les performances de l'indicateur	La collectivité peut favoriser la création et le développement d'équipements sportifs sur son territoire.
Commentaires, existence de sous-indicateurs, limites à l'utilisation de l'indicateur et évolution possible de l'indicateur.	Les équipements sportifs sont très hétérogènes par rapport à certaines caractéristiques : taille, fréquentation, frais d'entretiens. Par exemple, si l'on compare le coût total d'un cours de tennis avec celui d'un stade ou d'une piscine. On peut faire apparaître des sous-indicateurs en fonction de l'utilisation de l'équipement : - Nombre de salles de sports pour 1000 habitants ; - Nombre de stades pour 1000 habitants.

Indicateur numéro 26	
Nom de l'Indicateur	**Taux de criminalité global pour 1000 habitants**
Pilier du développement durable (économique, environnemental, social)	Social
Déterminants de l'attractivité	Sécurité et bien-être
Définition et mode de calcul de l'indicateur simple	- Nombre de crimes et délits x 1000/6971 habitants - (Taux le plus élevé en France – Taux le moins élevé en France), graduation de 0 à 100, 0 pour le taux le plus élevé et 100 pour le taux le plus faible.
Applicabilité possible à d'autres échelons territoriaux	Calcul possible à l'échelle de la CALL, du Département et de la Région.
Compatibilité de l'indicateur avec le développement durable et l'attractivité	Indicateur compatible avec les trois piliers du développement durable mais essentiellement avec l'équité sociale. Indicateur compatible avec l'attractivité d'un territoire, plus un territoire apparaît sûr plus il se révèle attractif.
Perception de l'indicateur par les entreprises et les citoyens	Indicateur important pour les entreprises désireuses de s'implanter dans une zone, plus une zone apparaît sure plus une entreprise aura envie de s'y implanter. La perception est la même pour l'occasion auprès des citoyens.
Disponibilités des données relatives à l'indicateur et organismes fournisseurs	Données disponibles auprès des Commissariat de Police de la zone d'études, auprès des Directions Départementales de la Sécurité Publique.

Politiques de la collectivité territoriale destinées à améliorer les performances de l'indicateur	La collectivité peut s'efforcer de sensibiliser les citoyens à adopter une certaine forme de civisme, elle peut également appuyer la demande de forces supplémentaires de Police Nationale ou encore de créer une Police Municipale.
Commentaires, existence de sous-indicateurs, limites à l'utilisation de l'indicateur et évolution possible de l'indicateur.	Il peut être intéressant de faire apparaître le sous-indicateur suivant : - Taux de délinquance de proximité : Ce taux se calcule de la manière suivante : - Nombre de vols (tous types de vols) + destructions et dégradations + incendies x 1000/6971 habitants.

Indicateur numéro 27	
Nom de l'Indicateur	**Nombre de personnels médicaux et paramédicaux sur le territoire pour 1000 habitants**
Pilier du développement durable (économique, environnemental, social)	Social
Déterminants de l'attractivité	Santé
Définition et mode de calcul de l'indicateur simple	- Nombre de médecins spécialistes, généralistes, pharmaciens et infirmiers, autres personnels paramédicaux/6,971 ; - (Taux le plus élevé en France – taux le plus faible en France) ; Graduation de 0 à 100, 0 pour le taux le plus faible et 100 pour le taux le plus élevé.

Applicabilité possible à d'autres échelons territoriaux	Calcul possible à l'échelle de la CALL, du Département et de la Région.
Compatibilité de l'indicateur avec le développement durable et l'attractivité	Indicateur parfaitement compatible avec les trois piliers du développement durable mais plutôt neutre avec le pilier environnemental. Indicateur compatible avec l'attractivité d'un territoire, plus le taux est élevé plus les habitants vont être tentés d'habiter la zone.
Perception de l'indicateur par les entreprises et les citoyens	Cet indicateur pourrait apparaître comme secondaire au regard des entreprises mais si l'entreprise veut recourir à une main d'œuvre locale, cet indicateur prend une certaine importance. Les habitants sont particulièrement sensibles à cet aspect de l'attractivité territoriale, on souligne bien souvent le fait qu'il existe aujourd'hui en France de nombreux déserts médicaux.
Disponibilités des données relatives à l'indicateur et organismes fournisseurs	- Données disponibles auprès des services de la collectivité, du BPE et auprès de l'ARS.
Politiques de la collectivité territoriale destinées à améliorer les performances de l'indicateur	La collectivité peut inciter des jeunes médecins, pharmaciens, infirmiers et autres personnels paramédicaux à s'installer sur le territoire.
Commentaires, existence de sous-indicateurs, limites à l'utilisation de l'indicateur et évolution possible de l'indicateur.	Il peut être intéressant de faire apparaître les sous-indicateurs suivants : - Nombre de médecins spécialistes ; - Nombre de médecins généralistes ; - Nombre de pharmaciens ; - Nombre d'infirmiers ;

	- Nombre de personnels paramédicaux.

Indicateur numéro 28	
Nom de l'Indicateur	**Nombre de réunions publiques organisées par les autorités territoriales pour 1000 habitants**
Pilier du développement durable (économique, environnemental, social)	Social
Déterminants de l'attractivité	Vie politique locale et gouvernance
Définition et mode de calcul de l'indicateur simple	- Nombre de réunions publiques, organisées par les autorités territoriales au cours d'une année en heure/6,971 ; - (Taux le plus élevé en France – taux le plus faible en France), graduation de 0 à 100, 0 pour le taux le plus faible et 100 pour le taux le plus élevé
Applicabilité possible à d'autres échelons territoriaux	Indicateur essentiellement applicable à l'échelle communale, on pourrait imaginer étendre cet indicateur à une échelle plus large comme la CALL, le Département et la Région mais avec un indicateur plus centré sur la communication en général.
Compatibilité de l'indicateur avec le développement durable et l'attractivité	Indicateur parfaitement compatible avec les trois piliers du développement durable mais surtout avec l'équité sociale. Indicateur compatible avec l'attractivité d'un territoire, plus les autorités de la zone communique, plus elle se révèle attractive.

Perception de l'indicateur par les entreprises et les citoyens	Indicateur plutôt secondaire pour les entreprises mais qui peut susciter l'intérêt si les réunions concernent les opérations d'aménagement du territoire. Indicateur plus intéressant pour les habitants désireux de s'installer au sein d'une zone, une communication et un échange avec les citoyens n'appartenant pas aux instances de démocratie participative reste intéressant.
Disponibilités des données relatives à l'indicateur et organismes fournisseurs	Données disponibles auprès des services de la commune.
Politiques de la collectivité territoriale destinées à améliorer les performances de l'indicateur	La collectivité peut décider si elle communique et encourage plus ou moins intensément le dialogue avec la population.
Commentaires, existence de sous-indicateurs, limites à l'utilisation de l'indicateur et évolution possible de l'indicateur.	L'indicateur peut éventuellement être complété par des sous-indicateurs relatifs à l'objet de chaque réunion : - Nombre de réunions publiques à finalité de communication ; - Nombre de réunions publiques avec mise en place d'espaces de travail et de participation.

Indicateur numéro 29	
Nom de l'Indicateur	**Distance de l'hôtel de ville par rapport à l'hôpital le plus proche**
Pilier du développement durable (économique, environnemental, social)	Social
Déterminants de l'attractivité	Santé

Définition et mode de calcul de l'indicateur simple	- Distance en kilomètre de l'hôtel de ville par rapport à l'hôpital le plus proche ; - (Distance moyenne la plus élevée observée en France – distance moyenne la plus faible observée en France), graduation de 0 à 100, 0 pour la distance la plus forte et 100 pour la distance la plus faible, on considérera pour l'occasion qu'un Hôtel de Ville se situe raisonnablement à une distance minimale d'un hôpital, le seuil moyen minimal est fixé pour l'occasion à 1 kilomètre.
Applicabilité possible à d'autres échelons territoriaux	Difficulté dans le cas présent de transposer cet indicateur en l'état sur d'autres échelons territoriaux, le centre d'une zone plus large étant peu pertinent dans le cas présent. On peut imaginer comme indicateur d'accessibilité à un hôpital pour la CALL, le département ou la région, les indicateurs suivants : - Nombres d'hôpitaux sur le territoire.
Compatibilité de l'indicateur avec le développement durable et l'attractivité	Indicateur compatible avec les trois piliers du développement durable mais essentiellement avec l'équité sociale. Indicateur compatible avec l'attractivité d'un territoire, un territoire bien pourvu en équipements hospitaliers est attractif.
Perception de l'indicateur par les entreprises et les citoyens	Indicateur intéressant pour une entreprise, notamment si son activité présente certains risques accidentels. Indicateur perçu comme important de la part des citoyens potentiels, on

	s'installera d'autant plus facilement dans une zone que l'on sait desservie par un hôpital.
Disponibilités des données relatives à l'indicateur et organismes fournisseurs	Calcul pouvant être effectué par les services municipaux, possibilité de mobiliser l'ARS, le cas échéant.
Politiques de la collectivité territoriale destinées à améliorer les performances de l'indicateur	La collectivité dans certains cas peut favoriser l'installation d'un hôpital sur son territoire. Elle peut également entamer des actions de lobbying pour empêcher la fermeture d'un établissement.
Commentaires, existence de sous-indicateurs, limites à l'utilisation de l'indicateur et évolution possible de l'indicateur.	On peut éventuellement faire apparaître des sous-indicateurs par rapport aux caractéristiques de certains établissements : - Distance par rapport à un hôpital ; - Distance par rapport à une maison de convalescence ; - Distance par rapport à une maternité.

Indicateur numéro 30	
Nom de l'Indicateur	**IDH 4 (Indicateur de Développement Humain)**
Pilier du développement durable (économique, environnemental, social)	Social
Déterminants de l'attractivité	Santé, sécurité et bien-être
Définition et mode de calcul de l'indicateur simple	- L'IDH est un indice composite, compris entre 0 et 1. Il est calculé par la moyenne de trois indices quantifiant respectivement : - l'indice comparatif de mortalité toutes causes (données

	cantonales) ; - le savoir ou niveau d'éducation (mesuré par le pourcentage de la population adulte diplômée) ; - Le revenu fiscal médian par unité de consommation ; - (IDH 4 le plus élevé en France – IDH 4 le plus faible en France), graduation de 0 à 100, 0 pour le taux le plus faible et 100 pour le taux le plus élevé.
Applicabilité possible à d'autres échelons territoriaux	Calcul possible à l'échelle de la CALL, d'un département et d'une région.
Compatibilité de l'indicateur avec le développement durable et l'attractivité	Indicateur compatible avec les trois piliers du développement durable, essentiellement avec l'équité sociale. Indicateur compatible avec l'attractivité d'un territoire, plus un territoire à un IDH 4 élevé plus il est attractif.
Perception de l'indicateur par les entreprises et les citoyens	Indicateur intéressant pour une entreprise, un IDH élevé peut indiquer une zone particulièrement attractive. On peut faire la même remarque pour un habitant potentiel, un territoire avec un IDH important témoigne en partie du bien-être de ses habitants.
Disponibilités des données relatives à l'indicateur et organismes fournisseurs	Données disponibles auprès de l'INSEE
Politiques de la collectivité territoriale destinées à améliorer les performances de l'indicateur	La collectivité peut essayer de mettre en place des actions de prévention et d'améliorer à travers de multiples programmes les conditions de vie au sein de la zone.

Commentaires, existence de sous-indicateurs et limites à l'utilisation de l'indicateur	L'IDH a le défaut de tous les agrégats : il suppose que ses composantes sont commensurables. C'est-à-dire que, par exemple, une augmentation de l'espérance de vie serait substituable à une augmentation de la production marchande. En outre les choix de pondérations utilisées pour construire cet indicateur restent discutables. Toutefois, cet indicateur reste emblématique d'une certaine vision de l'attractivité durable. On peut faire apparaître trois sous-indicateurs servant au calcul de l'indice composite : - Le taux de mortalité ; - La durée moyenne de scolarisation pour les adultes de plus de 25 ans ; - Le Revenu fiscal médian par unité de consommation.

CHAPITRE 7 :

LE TABLEAU DE BORD DES INDICATEURS D'ATTRACTIVITE DURABLE POUR LA VILLE DE LOOS EN GOHELLE

La mise en place du tableau de bord des indicateurs d'attractivité durable pour la ville de Loos en Gohelle constitue la première étape de la construction de l'indicateur synthétique d'attractivité durable d'un territoire. Pour cela il convient de définir certaines modalités du calcul des indicateurs simples.

Section 1) Les modalités du calcul des indicateurs simples

Les modalités de calcul des indicateurs simples sont les suivants :

— chaque indicateur simple est gradué de 0 à 100, 0 constitue la borne inférieure et 100 la borne supérieure ;

— chaque indicateur apparaît spécifique dans sa méthode de calcul bien que l'on retrouve plusieurs indicateurs calculés de la même manière ;

— pour chaque indicateur, on définit une borne supérieure et une borne inférieure, les bornes résultent des observations effectuées pour la France d'une part, elles sont susceptibles d'évoluer en fonction d'un certain nombre de paramètres. Ainsi, si l'on prend le taux de chômage, les deux bornes sont susceptibles de varier en fonction de la conjoncture économique, une bonne conjoncture impliquera d'abaisser à la fois la bonne inférieure et la bonne supérieure, alors qu'une situation de crise va au contraire les accroître ;

— l'ensemble des données ont été calculées jusqu'au 1 er octobre 2014, certaines de ces données sont plus anciennes et n'ont pas forcément été calculées en 2014 mais en 2013 pour quelques-unes, on considérera cependant qu'elles constitueront désormais les données de référence à l'année 0. Toutes autres données collectées à l'avenir seront comparées à ces dernières ;

— certaines données ne sont pas forcément disponibles à l'échelle de la ville de Loos en Gohelle mais elles peuvent être calculées dans une zone géographique très proche, Lens ou Grenay par exemple.

Tableau 5 : Les résultats empiriques pour les indicateurs simples d'efficacité économique

Indicateurs d'efficacité économique	Mode de calcul de l'indicateur simple	Valeur de l'indicateur simple
1) Revenu moyen par habitant	Borne inférieure : 7000 Borne supérieure : 45 000 Loos en Gohelle : 18 280 (45 000 – 7000/100) = 380 pour un point d'indice, 18 280 – 7000/380	29,68
2) Taux de chômage	Borne inférieure : 5 % Borne supérieure : 25 % Loos en Gohelle : 17,80 % (25 – 5/100) = 0,20 % pour un point d'indice, 100 – (17,80-5/0,20)	36
3) Prix moyen du M²	Borne inférieure : 500 Borne supérieure : 4800 Loos en Gohelle : 960 (4800 – 500/100) = 43 pour un point d'indice 100 – (960 – 500/43)	89,31
4) Nombre d'hôtels, de gîtes, de chambres d'hôtes et de restaurant pour 1000 habitants	Borne inférieure : 0 Borne supérieure : 12 Loos en Gohelle : 0,87 (12/100) = 0,12 pour un point d'indice, 0,87/0,12	7,25
5) Taux d'accroissement total de la population annuelle	Borne inférieure : - 2 % Borne supérieure : + 2 %	43,25

	Loos en Gohelle : - 0,27 % 4/100 = 0,04 pour un point d'indice, 50 – 0,27/0,04	
6) Pourcentage de la population ayant poursuivi des études supérieures	Borne inférieure : 0 % Borne supérieure : 52 % Loos en Gohelle : 9,31 % (52/100) = 0,52 pour un point d'indice, 9,31/0,52	17,90
7) Pourcentage de la population ayant moins de 25 ans	Borne inférieure : 0 % Borne supérieure : 69 % Loos en Gohelle : 34,83 % (69/100) = 0,69 pour un point d'indice, 34,83/0,69	50,47
8) Taux de logements neufs construits annuellement en M^2	Borne inférieure : 0 % Borne supérieure : 1,80 % Loos en Gohelle : 1,66 % (1,80/100) = 0,018 pour un point d'indice, 1,66/0,018	92,22
9) Nombre de commerces et services hors médicaux et paramédicaux pour 1000 habitants	Borne inférieure : 0 Borne supérieure : 35 Loos en Gohelle : 13,30 (35/100) = 0,35 pour un point d'indice, 13,30/0,35	38
10) Distance moyenne séparant l'hôtel de ville par rapport à une autoroute et une gare	Borne inférieure : 1 Borne supérieure : 25 Loos en Gohelle : 4 (24/100) = 0,24 pour un point d'indice, 100 – (4 –1/0,24)	87,5

Tableau 6 : Les résultats empiriques pour les indicateurs simples de prudence environnementale

Indicateurs de prudence environnementale	Mode de calcul de l'indicateur simple	Valeur de l'indicat eur simple
11) Part d'espaces verts et d'espaces naturels	Borne inférieure : 4 % Borne supérieure : 50 % Loos en Gohelle : 24,41 % (50-4/100) = 0,46 pour un point d'indice, 24,41 – 4/0,46	44,36
12) Proportion de pistes cyclables et de chemins aménagés (tous types de chemins)	Borne inférieure : 0 % Borne supérieure : 50 % Loos en Gohelle : 30 % (50 – 0/100) = 0,50 pour un point d'indice,	60
13) Quantité de nitrates par litres d'eau en mg/l	Borne inférieure : 10 Borne supérieure : 50 Loos en Gohelle : 37 (50 – 10/100) = 0,4 pour un point d'indice, 100 – (37-10/0,4)	32,5
14) Part de friches industrielles et commerciales	Borne inférieure = 0 Borne supérieure = 33 Loos en Gohelle = 16,54 (33 – 0/100) = 0,33 pour un point d'indice, 100 – (16,54/0,33)	49,88
15) Part de la superficie territoriale classée en zone à risque	Borne inférieure = 0 Borne supérieure = 100 Loos en Gohelle = 50 1 % pour un point d'indice	50

16)	**Indice ATMO**	Borne inférieure = 27 Borne supérieure = 44 Loos en Gohelle = 34,30 (44-27/100) = 0,17 pour un point d'indice, (34,30-27/0,17)	42,94
17)	**Montant moyen en kilos des déchets ménagers émis par la population annuellement**	Borne inférieure = 400 Borne supérieure = 1000 Loos en Gohelle = 650 (1000 – 400/100) = 6 pour un point d'indice, 100 – (650-400/6)	58,34
18)	**Part du réseau routier urbain desservi par des lignes de bus et de tramways**	Borne inférieure = 0 Borne supérieure = 80 Loos en Gohelle = 20,57 (80/100) = 0,80 pour un point d'indice, 20,57/0,80	25,71
19)	**Proportion de logements inférieure à moins de 5 ans**	Borne inférieure = 0 Borne supérieure = 10 Loos en Gohelle = 6,19 (10/100) = 0,10 pour un point d'indice, 6,19/0,10	61,90
20)	**Part des entreprises ayant entrepris une démarche de certification environnementale**	Borne inférieure = 0 Borne supérieure = 1,50 Loos en Gohelle = 0,44 (1,50/100) = 0,015 pour un point d'indice, 0,44/0,015	29,33

Tableau 7 : Les résultats empiriques pour les indicateurs d'équité sociale

Indicateurs d'équité sociale	Mode de calcul de l'indicateur simple	Valeur de l'indicateur simple
21) Part de la population ayant effectué au moins une démarche auprès du CCAS au cours d'une année	Borne inférieure = 0 Borne supérieure = 10 Loos en Gohelle = 2,17 (10/100) = 0,10 pour un point d'indice, 100 – (2,17/0,10)	78,3
22) Taux de participation aux élections locales et nationales	Borne inférieure = 48 Borne supérieure = 88 Loos en Gohelle = 65,62 (88-48/100) = 0,40 pour un point d'indice, 65,62 – 48/0,40	44,05
23) Nombre d'associations pour 1000 habitants	Borne inférieure = 0 Borne supérieure = 24 Loos en Gohelle = 14,89 (24/100) = 0,24 pour un point d'indice, 14,89/0,24	62,04
24) Nombre de salles de spectacles, de musées, d'équipements culturels pour 1000 habitants	Borne inférieure = 0 Borne supérieure = 1,10 Loos en Gohelle = 0,87 (1,10/100) = 0,011 pour un point d'indice, 0,87/0,011	79,09
25) Nombre d'équipements sportifs pour 1000 habitants	Borne inférieure = 0 Borne supérieure = 7,50 Loos en Gohelle = 3,47 (7,50/100) = 0,075 pour un point d'indice, 3,47/0,075	46,26
26) Taux de criminalité global pour 1000 habitants	Borne inférieure = 0 Borne supérieure = 55 Loos en Gohelle = 5,19 (55/100) = 0,55 pour un	90,56

		point d'indice, 100 – (5,19/0,55)	
27)	**Nombre de personnels médicaux et paramédicaux sur le territoire pour 1000 habitants**	Borne inférieure = 0 Borne supérieure = 10 Loos en Gohelle = 3,44 (10/100) = 0,10 pour un point d'indice, 3,44/0,10	34,40
28)	**Nombre de réunions publiques organisées par les autorités territoriales pour 1000 habitants**	Borne inférieure = 0 Borne supérieure = 10 Loos en Gohelle = 5,20 (10/100) = 0,10 pour un point d'indice, 5,20/0,10	52
29)	**Distance de l'hôtel de ville par rapport à l'hôpital le plus proche**	Borne inférieure = 25 Borne supérieure = 1 Loos en Gohelle = 3,8 (25-1)/100 = 0,24 pour un point d'indice, 100 – (2,80/0,24)	88,34
30)	**IDH 4**	Borne inférieure = 0,30 Borne supérieure = 0,95 Loos en Gohelle = 0,40 (0,95 – 0,30/100) = 0,0065 pour un point d'indice, 0,10/0,0065	15,38

Tableau 8 : Une analyse des résultats empiriques

Indicateurs d'efficacité économique	Valeur de l'indicateur simple	Commentaires
1) Revenu moyen par habitant	29,68	La ville de Loos en Gohelle à l'instar de ses voisines apparaît être dans une position défavorable si l'on compare avec le revenu moyen en France. Cependant, sa position à l'intérieur de la CALL la place plutôt en position médiane, elle apparaît moins riche que les villes et villages situés au sud de la zone mais plus riche que les communes localisées sur un axe Sains en Gohelle-Billy Montigny. Toutefois, elle tire mieux son épingle du jeu si on la compare avec Lens et Liévin.
2) Taux de chômage	36	Concernant le taux de chômage, on peut faire les mêmes remarques que précédemment. La ville de Loos en Gohelle souffre d'un chômage plus important que la moyenne régionale et nationale mais d'autres villes de la CALL se trouvent dans des situations plus critiques encore.

3)	**Prix moyen du M^2**	89,31	Dans le cas présent, la ville de Loos en Gohelle présente un très net avantage au regard du présent indicateur dans la mesure où le prix du M^2 apparaît être un élément attractif pour attirer de nouvelles activités en même temps que de nouveaux habitants. La même tendance s'observe au sein de la CALL sans variation statistiquement significative entre les villes.
4)	**Nombre d'hôtels, de gîtes, de chambres d'hôtes et de restaurant pour 1000 habitants**	7,25	Cet indicateur est le plus faible de tous les indicateurs calculés, il s'explique naturellement par le fait que la ville n'avait pas initialement de vocation touristique et d'accueil de vacanciers. Toutefois, elle apparaît comme l'une des plus dynamiques de la CALL au niveau de l'offre de meublés de tourisme alors que la plupart des autres communes n'en possèdent pas !
5)	**Taux d'accroissement total de la population annuelle**	43,25	Le taux d'accroissement total de la population annuel place Loos en Gohelle dans une position

		légèrement en dessous de la moyenne avec une perte légère de sa population. Comparée aux autres villes de la CALL, Loos en Gohelle fait partie de celles qui ont le plus perdu de population au cours des 15 dernières années en valeur relative, ainsi la ville a vu sa population diminuée de 188 habitants entre 1999 et 2009. D'autres villes de la CALL comme celles situées au sud de la zone ont au contraire vu leur population s'accroître. Certaines villes proches comme Bully-les Mines, Grenay et Mazingarbe notamment ont vu leur population augmenter !
6) **Pourcentage de la population ayant poursuivi des études supérieures**	17,90	Le pourcentage de la population ayant suivi des études supérieures reste assez faible au regard de la situation en France et en Région. On retrouve cette même tendance dans de nombreuses villes de la CALL, cela est dû en grande partie au fait de l'omniprésence d'une seule industrie, l'extraction charbonnière qui créée pour l'occasion un effet de structure

			défavorable à la poursuite d'études supérieures.
7)	**Pourcentage de la population ayant moins de 25 ans**	50,47	Cet indicateur place Loos en Gohelle dans une situation médiane dans la mesure où un tiers de sa population a moins de 25 ans. A cet égard, la commune semble mieux tirer son épingle du jeu par rapport à d'autres villes de la CALL disposant d'une population plus âgée.
8)	**Taux de logements neufs construits annuellement en M^2**	92,22	Le taux de logements neufs construits annuellement situe la ville de Loos en Gohelle parmi les plus performantes de la CALL, la multiplication durant les dernières années des opérations d'aménagements fonciers explique ce chiffre élevé !
9)	**Nombre de commerces et services hors médicaux et paramédicaux pour 1000 habitants**	38	Cet indice place Loos en Gohelle en dessous de la moyenne sans pour autant être faible, on retrouve cette tendance dans d'autres villes de la CALL. Dans le cas présent, la proximité de deux grandes villes comme Lens et Liévin biaisent sans doute les chiffres car la présence

		importante de commerces dans ces deux villes décourage sans doute leur installation dans des villes limitrophes.
10) Distance moyenne séparant l'Hôtel de Ville par rapport à une autoroute et une gare	87,5	Le dernier indice du pilier économique présente comme particularité d'être relativement stable dans le temps par le fait qu'un Hôtel de Ville demeure dans la plupart des cas à la même place pendant des décennies. Seuls d'importants aménagements routiers peuvent le modifier sensiblement. On peut considérer cependant que Loos en Gohelle à l'instar de nombreuses autres villes de la CALL présente l'avantage d'être bien desservie par les infrastructures routières et ferroviaires.

Indicateurs de prudence environnementale	Valeur de l'indicateur simple	Commentaires
11) Part d'espaces verts et d'espaces naturels	44,36	La part des espaces verts et des espaces naturels se rapproche de l'indice médian national. Loos en Gohelle à l'instar de villes situées à la fois au nord et au sud de la CALL possède une proportion non négligeable d'espaces naturels.
12) Proportion de pistes cyclables et de chemins aménagés (tous types de chemins)	60	Concernant la proportion de pistes cyclables et de chemins aménagés, Loos en Gohelle se place dans une situation assez favorable à l'instar des villes du sud de la CALL. Les aménagements des chemins de randonnées autour des terrils contribuent à augmenter cet indice .
13) Quantité de nitrates par litres d'eau en mg/l	32,5	La quantité de nitrates par litres d'eau en mg/l laisse apparaître une valeur assez faible. Les autres villes de la CALL connaissent sensiblement le même problème et plus généralement le département du Pas de Calais.
14) Part de friches industrielles et commerciales	49,88	En raison de son héritage minier et de l'importance du site du 11/19, la ville de Loos en Gohelle

			obtient un indice médian. Au sein de la CALL, une distinction s'impose entre les communes rurales du sud de la zone et les anciennes communes minières où l'indice apparaît moins élevé !
15)	**Part de la superficie territoriale classée en zone à risque**	50	Une nouvelle fois, on retrouve à travers la valeur de l'indice, le poids de l'ancienne exploitation minière. En effet, environ la moitié de la ville demeure susceptible d'être confrontée à l'avenir à des problèmes d'affaissements miniers. L'ensemble des autres communes minières de la CALL sont confrontées potentiellement aux mêmes problèmes.
16)	**Indice ATMO**	42,94	Située à proximité de plusieurs zones industrielles, la ville de Loos en Gohelle à l'instar de la plupart des villes de la CALL obtient un indice inférieur à l'indice médian sans pour autant être médiocre.
17)	**Montant moyen en kilos des déchets ménagers émis par la population annuellement**	58,34	Concernant le comportement des citoyens par rapport au rejet de leur déchet, la ville obtient un indice correct pour l'occasion.

		Les difficultés rencontrées pour collecter ces données dans les autres villes de la CALL nous empêchent dans le cas présent de faire des comparaisons significatives avec elles.
18) Part du réseau routier urbain desservi par des lignes de bus et de tramways	25,71	Dans le cas présent, l'indice semble relativement faible. Deux explications peuvent être avancées, la première est liée au fait qu'il n'existe pas de lignes de tramways et de métro dans l'arrondissement de Lens. La deuxième est liée à la géographie de la ville, à la fois très étendue mais disposant aussi d'un réseau routier important à travers ces multiples cités. Les lignes de bus desservant pour leur part plutôt les grands axes.
19) Proportion de logements inférieure à moins de 5 ans	61,90	La ville de Loos en Gohelle ayant vu depuis plusieurs années une multitude de nouvelles habitations apparaître, il n'est dès lors pas étonnant de trouver un indice satisfaisant. Les multiples opérations de rénovations urbaines entreprises dans certaines villes de la CALL donnent des

		résultats contrastés, les villes et villages du sud de la CALL disposent de moins de logements neufs dans le cas présent.
20) Part des entreprises ayant entrepris une démarche de certification environnementale	29,33	La part des entreprises ayant entrepris une démarche de certification environnementale nous donne un indice relativement faible. Les mêmes tendances ont été observées dans les autres villes de la CALL.

Indicateurs d'équité sociale	**Valeur de l'indicateur simple**	**Commentaires**
21) Part de la population ayant effectué au moins une démarche auprès du CCAS au cours d'une année	78,3	La part de la population ayant effectué au moins une démarche auprès du CCAS au cours d'une année laisse apparaître un très bon indice. En effet, une proportion relativement faible de la population s'est adressée au CCAS, même si l'on peut considérer par ailleurs que 78,3 % puisse être élevé ! Comparativement à d'autres villes de la CALL, cette proportion semble plus faible.
22) Taux de participation aux élections locales et nationales	44,05	Concernant la participation aux élections locales et nationales, l'indice se

		révèle moyen car légèrement inférieur à 50. On observe cette tendance dans la plupart des villes de la CALL à l'exception des petits villages du sud de la zone où l'on vote un peu plus. Plus généralement ce chiffre apparaît assez bas en Région et en France.
23) Nombre d'associations pour 1000 habitants	62,04	La vie associative sur la ville de Loos en Gohelle apparaît assez dynamique avec un bon indice, la ville se plaçant plutôt bien au regard d'autres villes de la CALL.
24) Nombre de salles de spectacles, de musées, d'équipements culturels pour 1000 habitants	79,09	La ville de Loos en Gohelle apparaît relativement bien dotée en équipements culturels et se situe plutôt dans les villes les plus dynamiques de la CALL.
25) Nombre d'équipements sportifs pour 1000 habitants	46,26	Si l'on compare les dotations en équipements sportifs, Loos en Gohelle ne semble pas en aussi bonne position qu'au regard des équipements culturels. Ce chiffre moyen doit être pourtant relativisé car la proximité de Lens et de Liévin relativement bien dotées répond à une partie du problème. En

		outre, la ville de Loos en Gohelle apparaît être l'une des villes moyennes les plus dynamiques de la CALL avec Harnes et Bully-les-Mines notamment.
26) Taux de criminalité global pour 1000 habitants	90,56	L'indice relatif au taux de criminalité global demeure l'un des plus élevés des 30 indicateurs, la ville même si elle connaît comme toutes les villes de la CALL des problèmes de délinquance ne semble pas pour autant confrontée souvent à des crimes violents !
27) Nombre de personnels médicaux et paramédicaux sur le territoire pour 1000 habitants	34,40	Par rapport au nombre de personnels médicaux et paramédicaux, la ville affiche un indice assez faible confirmant ainsi une tendance déjà observée pour les autres villes de la CALL et plus généralement dans la Région Nord-Pas de Calais. En outre, on ne peut exclure le fait qu'une fois encore la présence à proximité de Lens et de Liévin décourage certains personnels médicaux à s'installer dans des villes plus petites comme Loos en Gohelle !

28)	**Nombre de réunions publiques organisées par les autorités territoriales pour 1000 habitants**	52	Concernant les relations que les autorités municipales entretiennent avec leurs concitoyens, la ville obtient un indice supérieur à la moyenne. L'absence de données à l'échelle de l'ensemble de la CALL permet difficilement de comparer avec la gouvernance des autres villes.
29)	**Distance de l'hôtel de ville par rapport à l'hôpital le plus proche**	88,34	En examinant l'indice, la ville de Loos en Gohelle apparaît idéalement positionnée par rapport aux équipements hospitaliers. En outre, la construction du nouvel hôpital à l'horizon 2023 devrait encore le rapprocher un peu plus de ces habitants. La forte concentration urbaine autour de Lens-Liévin de la plupart des villes de la CALL donne également de bons indices pour d'autres villes.
30)	**IDH 4**	15,38	Le calcul de l'IDH4 donne à Loos en Gohelle le deuxième moins bon indice des trente indicateurs mesurés. L'IDH4 résultant lui-même de la pondération d'autres indices simples peu

		favorables pour la ville de Loos en Gohelle, il n'est dès lors guère étonnant d'avoir un résultat médiocre. Toutefois, la ville de Loos en Gohelle demeure l'une des villes où cet indice est le moins mauvais.

Ayant mis en évidence un certain nombre d'indicateurs simples, la construction de l'indicateur synthétique nous conduit immanquablement à nous poser la question du choix des critères de pondération et finalement de son calcul.

Il existe deux méthodes de fixation des critères de pondération : l'approche « top-down » et l'approche « bottom-up », ces deux méthodes présentent à la fois des avantages et des inconvénients.

Section 2) Avantages et inconvénients des approches « top-down ou bottom-up »

Les méthodes utilisées pour construire ces grilles d'indicateurs s'appuient dans le cas présent soit sur une démarche que certains auteurs qualifient de « bottom up », soit une démarche que l'on qualifie de « top down », (Gahin et Peterson, 2001 ; Reed, Fraser et Dougill, 2006).

Une démarche « bottom up » se définit par rapport à quatre éléments. Tout d'abord, elle commence toujours par une consultation des citoyens dans les localités qui identifient les forces, les faiblesses, les menaces et les opportunités (démarche connue sous l'acronyme SWOT en anglais !).

Les parties prenantes qui regroupent les associations mais aussi des groupes de citoyens identifient ensuite plusieurs scénarios possibles par rapport au devenir de leur collectivité, le plus souvent en y intégrant implicitement ou explicitement les principes de base du développement durable. Une troisième phase consiste à recenser des indicateurs potentiellement utilisables par eux-mêmes en s'appuyant sur leurs propres critères et leurs attentes et procéder ensuite à une sélection parmi l'ensemble. Pour finir, les indicateurs tantôt quantitatifs ou qualitatifs seront utilisés pour juger des progrès accomplis par la collectivité par rapport à leurs objectifs initiaux.

A l'inverse, une démarche « top down » se décline le plus souvent en direction d'une zone géographique plus large ou mal déterminée lorsqu'elle concerne un secteur d'activité comme l'agriculture, par exemple. La deuxième phase résulte d'un travail d'experts qui vont identifier les tenants et les aboutissants d'une situation de base, ce qui les conduit alors dans une troisième phase à ne retenir que des indicateurs qui présentent la caractéristique d'être reconnus par l'ensemble de la communauté scientifique. Pour terminer, les indicateurs qui sont pour la plupart des indicateurs quantitatifs servent de tableaux de bord aux experts pour analyser les conséquences d'une modification de l'état initial. Le contexte général de la réussite d'une démarche d'indicateurs de communauté qui privilégie l'approche « bottom up » doit respecter également certaines règles relatives à des paramètres plus estampillés « politique ».

Les multiples échanges avec l'équipe municipale de Loos en Gohelle nous ont amené à écarter l'approche « bottom-up » pour la fixation des critères de pondération. En effet, si elle apparaissait séduisante au regard de certaines expériences communautaires américaines, elle était susceptible d'entrainer des biais potentiels au regard des critères objectifs liés à l'attractivité durable. Dans ces conditions, c'est l'approche « top-down » qui a finalement était choisie pour la définition des critères de pondération. Après de multiples débats, il fut finalement décidé d'attribuer à chaque indice simple le même coefficient de pondération, c'est-à-dire si l'on veut aboutir finalement à un indice synthétique de 100 et en s'appuyant sur 30 indicateurs, chaque indicateur doit représenter donc 3,33 % du total de l'indicateur synthétique.

Dans le même temps, il fut acté également que chaque pilier du développement durable représenté à chaque fois par 10 indicateurs ferait l'objet d'un calcul séparé, présentant ainsi des indices synthétiques partiels calculés sur 33,33, l'addition des trois piliers nous donnant alors l'indicateur synthétique d'attractivité durable.

Section 3) Calcul de l'ISACDAL avec des critères de pondération identiques

Indicateurs d'attractivité durable des territoires	**Valeur de l'indicateur simple**	**Coefficient de pondération**	**Valeur de l'indicateur pondéré**
1) Revenu moyen par habitant	29,68	0,033	0,99
2) Taux de chômage	36,00	0,033	1,20

3) Prix moyen du M²	89,31	0,033	2,98
4) Nombre d'hôtels, de gîtes, de chambres d'hôtes et de restaurant pour 1000 habitants	7,25	0,033	0,24
5) Taux d'accroissement total de la population annuelle	43,25	0,033	1,44
6) Pourcentage de la population ayant poursuivi des études supérieures	17,90	0,033	0,60
7) Pourcentage de la population ayant moins de 25 ans	50,47	0,033	1,68
8) Taux de logements neufs construits annuellement en M²	92,22	0,033	3,07
9) Nombre de commerces et services hors médicaux et paramédicaux	38	0,033	1,27
10) Distance moyenne séparant l'Hôtel de Ville par rapport à une autoroute et une gare	87,5	0,033	2,92
Pilier économique de l'attractivité durable de Loos en Gohelle ($\sum_1^{10}$ *Indicateur sim*)	XXXXXXX	XXXX	**16,39/33,33**
11) Part d'espaces verts et d'espaces naturels	44,36	0,033	1,48

12)	**Proportion de pistes cyclables et de chemins aménagés (tous types de chemins)**	60,00	0,033	1,99
13)	**Quantité de nitrates par litres d'eau en mg/l**	32,50	0,033	1,08
14)	**Part de friches industrielles et commerciales**	49,88	0,033	1,66
15)	**Part de la superficie territoriale classée en zone à risque**	50	0,033	1,66
16)	**Indice ATMO**	42,94	0,033	1,43
17)	**Montant moyen en kilos des déchets ménagers et des dépôts sauvages émis par la population annuellement**	58,34	0,033	1,94
18)	**Part du réseau routier urbain desservi par des lignes de bus et de tramways**	25,71	0,033	0,86
19)	**Proportion de logements inférieure à moins de 5 ans**	61,90	0,033	2,06
20)	**Part des entreprises ayant entrepris une démarche de certification environnementale**	29,33	0,033	0,98

Pilier environnemental de l'attractivité durable de Loos en Gohelle ($\sum_1^{10} Indicateur\ sim$)	XXXXXX	XXXX	**15,14/33,33**
21) Part de la population ayant effectué au moins une démarche auprès du CCAS au cours d'une année	78,3	0,033	2,61
22) Taux de participation aux élections locales et nationales	44,05	0,033	1,47
23) Nombre d'associations pour 1000 habitants	62,04	0,033	2,07
24) Nombre de salles de spectacles, de musées, d'équipements culturels pour 1000 habitants	79,09	0,033	2,64
25) Nombre d'équipements sportifs pour 1000 habitants	46,26	0,033	1,54
26) Taux de criminalité global pour 1000 habitants	90,56	0,033	3,01
27) Nombre de personnels médicaux et paramédicaux sur le territoire pour 1000 habitants	34,40	0,033	1,15
28) Nombre de réunions publiques	52	0,033	1,73

organisées par les autorités territoriales pour 1000 habitants			
29) Distance de l'hôtel de ville par rapport à l'hôpital le plus proche	88,34	0,033	2,94
30) IDH 4	15,38	0,033	0,51
Pilier social de l'attractivité durable de Loos en Gohelle ($\sum_1^{10}$ *Indicateur sim*)	XXXXXXX	XXXX	**19,68/33,33**
ISACDAL GLOBAL $\sum_1^{30}$ *Indicateur simple x*)	XXXXXXX	XXXX	**51,21**

Section 4) Une analyse des résultats de l'ISACDAL

Une rapide analyse des chiffres de l'ISACDAL nous conduit à faire ressortir plusieurs points intéressants :

— seul le pilier social obtient un score supérieur à la moyenne avec une valeur représentant 59,04 % de la valeur totale de l'indice partiel ; le pilier économique frôle la moyenne avec 49,17 % et le pilier environnemental seulement 45,42 % de la valeur totale de l'indice partiel ;

— l'ISACDAL se situe légèrement au-dessus de la moyenne de l'indice avec une valeur de 51,21 soit si l'on ramène ce chiffre à 20, on obtient alors une moyenne de 10,24. On peut conclure si l'on se réfère à l'attractivité durable de la ville de Loos en Gohelle qu'elle obtiendrait la mention « passable » si l'on se base sur un examen universitaire ;

— il nous faut relativiser ce chiffre jugé moyen dans la mesure où l'examen de chaque indicateur simple et le calcul de leur indice nous conduit à penser qu'il est quasiment impossible d'atteindre un indice 100 mais qu'un indice 80 comme borne supérieure semblerait de fait plus réaliste ! Dans cette optique, si l'on ramène la note de Loos en Gohelle à 20, on obtient 12,80 ce qui correspond de fait à une mention assez bien pour l'occasion ;

— l'absence de données complètes et fiables pour les autres villes de la CALL nous empêche par la même occasion d'effectuer une comparaison avec elles.

Section 5) Les limites à l'utilisation de l'ISACDAL

Bien que le calcul de l'ISACDAL apparaisse à plus d'un titre utile pour l'évaluation des politiques publiques tant celles portant sur l'attractivité que celles portant sur le développement durable, il n'en demeure pas moins que sa construction rencontre toutefois certaines limites méthodologiques :

— le choix du nombre d'indicateurs à prendre en considération pose problème. En partant du principe que trop d'indicateurs sont préjudiciables à une bonne vision du concept, aucune étude ne donne pour autant le nombre jugé optimal pour mesurer l'attractivité durable d'un territoire ;

— certaines données bien que calculables à l'échelle d'une municipalité ne font jamais l'objet d'un calcul systématique, si tel est le cas, ce calcul ne s'effectue pas forcément dans toutes les villes ;

— on ne peut exclure l'existence de biais liés à la présence de grandes villes situées dans le voisinage de villes plus petites ;

— certains indicateurs peuvent être considérés comme secondaires aux yeux des chefs d'entreprise alors qu'ils auront une importance très grande aux yeux des citoyens et réciproquement ;

— le choix d'attribuer une pondération identique à chaque indicateur peut faire débat.

CONCLUSION DE LA PREMIERE PARTIE

Les multiples analyses SWOT effectuées à différents échelons territoriaux respectivement : la Région ; la CALL et la Ville de Loos en Gohelle laissent apparaître des faiblesses liées en grande partie à la structure industrielle du territoire longtemps composé d'industries vieillissantes et qui ont subi à l'instar des Houillères du Bassin du Nord-Pas de Calais, des fermetures d'établissements avec comme corollaire des pertes d'emplois par centaines de milliers. Même si des opérations de reconversion ont été entreprises depuis plus de 40 ans, il n'en demeure pas moins qu'elles se sont révélées insuffisantes pour rendre ces zones précitées réellement attractives. Si la mise en place de projets en lien avec l'environnement constitue une piste intéressante de développement, il apparaît dans le même temps important qu'une ville comme Loos en Gohelle, la CALL mais aussi la Région se dote d'outils d'aide à la décision leur permettant de se situer au regard d'autres territoires en concurrence pour l'accueil de grands projets. Les techniques relativement neuves du marketing territorial et l'utilisation de la méthode CERISE REVAIT mise en avant par Gollain (2014) nous semblent utiles pour apprécier les atouts d'une zone en même temps que sa capacité d'attirer de nouvelles activités. De la même manière, qu'il nous semble utile pour une collectivité d'utiliser des tableaux de bord destinés à mesurer son positionnement au regard des trois composantes du développement durable. La construction de l'indice composite ISACDAL, appliqué à Loos en Gohelle pourrait être un élément d'aide à la mise en place de nouvelles politiques économiques en s'appuyant en partie sur une démarche participative des citoyens. Dans cette optique, un premier calcul de l'ISACDAL pour la ville de Loos en Gohelle nous montre que la ville réalise un score honorable au regard de sa situation globale en se situant en delà de la moyenne générale de l'indice en particulier pour le pilier social.

Malgré les imperfections et les critiques inhérentes à la construction de tous les indices synthétiques, l'ISACDAL n'échappant pas à cette règle, il apparaît toutefois que ce dernier nous montre les pistes à suivre par rapport au chemin que Loos en Gohelle mène sur la voie de la résilience territoriale.

Si l'utilisation d'outils d'aide à la décision nous semble utile, la mise en place de nouveaux modèles économiques sur un territoire comme Loos en Gohelle constitue une première piste possible de développement à travers notamment de la valorisation du site de la Fosse 11/19 ? Tel est l'objet de notre deuxième partie.

PARTIE II :

LE RÔLE DU SITE DU 11/19 DANS LA DÉMARCHE DE LOOS EN GOHELLE VILLE PILOTE, VERS L'ÉMERGENCE D'UN NOUVEAU MODELÉ ÉCONOMIQUE

Chaque commune cherche à se développer en mettant en œuvre des projets d'aménagements de son territoire, certaines de ces opérations ont un caractère que l'on peut qualifier d'endogène (constructions d'écoles, de salles de réunions, de logements neufs). Elles sont de loin les plus nombreuses car elles correspondent de fait aux missions dévolues à ces collectivités consistant à améliorer le bien-être de la population en s'efforçant de contribuer à la satisfaction des besoins primaires (logement, éducation, santé et sécurité). Ces opérations ne nécessitent pas a priori d'opérations de communication, les contraintes résident d'abord et toujours dans les capacités de financement de la commune en même temps que celle-ci se doit veiller à ce que les entreprises ayant obtenu les marchés publics respectent leurs engagements en matière de délais et de qualité. D'autres opérations d'aménagements sont plus complexes car elles peuvent faire appel à des opérateurs extérieurs, par exemple, une firme multinationale qui déciderait de s'installer sur la commune, la construction d'un parc d'attractions ou la construction d'un équipement culturel comme l'implantation du Louvre à Lens. Ces opérations d'aménagement peuvent être appelées « exogènes » car elles font appels à des partenaires le plus souvent extérieurs à la région, elles ont par ailleurs un caractère exceptionnel par opposition aux opérations précédentes dans la mesure où elles apparaissent emblématiques dans le regard des citoyens. Dans cette optique, il conviendra d'analyser l'importance des facteurs de localisation qui apparaissent primordiaux dans les opérations d'aménagement du territoire. Dans le même temps, les opérations d'aménagement d'un site emblématique comme celui du 11/19 et l'attitude résolument volontariste de la ville de Loos en Gohelle dans son souhait de promouvoir un mode de développement plus durable l'a conduit ces dernières années à développer l'économie verte mais aussi à s'appuyer sur l'économie circulaire et plus récemment à s'interroger réellement sur l'économie de la fonctionnalité. Nous avons choisi dans le cadre du présent ouvrage de ne pas développer ces trois branches de l'économie, d'autres travaux l'ont fait depuis plusieurs années et nous partageons totalement l'idée que ces trois axes de développement demeurent fondamentaux pour envisager un nouveau mode de développement en respectant les préceptes de la Troisième Révolution Industrielle. Nous estimons que d'autres concepts économiques relevant en partie de l'économie immatérielle ou en lien avec l'évolution démographique mais aussi liés à la présence du Louvre-Lens à proximité du site du 11/19 seraient de nature à générer un nouveau mode de développement local. Dans cette optique, nous avons choisi de mettre en avant trois concepts apparus depuis deux décennies dans l'analyse économique et qui nous semblent à la fois originaux, susceptibles de connaître des développements intéressants à l'avenir, créateurs d'emplois et déclinables à l'échelle locale. Dans un premier temps, nous nous intéresserons à l'économie créative. Ensuite, on ne peut à la fois ignorer l'impact d'un équipement aussi prestigieux comme le Louvre-Lens sur le développement de l'agglomération en même que le côté monumental du site du 11/19 et de ces deux terrils jumeaux comme vecteur de développement futur, l'économie du patrimoine laissera entrevoir des pistes intéressantes. Enfin, nous analyserons comment le vieillissement de la population locale avec l'augmentation du nombre de seniors pourraient faire l'objet de développements intéressants à l'échelle de la commune, ce que l'on appelle la Silver Economy.

CHAPITRE 8 :

LE SITE DU 11/19 : SES FORCES, SES FAIBLESSES ET SON POSITIONNEMENT FACE AU MACRO-ENVIRONNEMENT

L'évolution de la concurrence entre les entreprises à l'échelle internationale depuis les années 1950, a conduit les chercheurs en sciences de gestion à élaborer des outils visant à aider leurs dirigeants à diagnostiquer leurs points forts et les points faibles à la fois au niveau interne mais aussi externe. Deux approches sont possibles bien qu'aujourd'hui elles apparaissent de plus en plus complémentaires : tout d'abord, une approche microéconomique avec l'utilisation du modèle SWOT et une approche macroéconomique avec l'utilisation du modèle PESTEL[1]. Bien que le site du 11/19 ne puisse en aucune façon être assimilé à une entreprise, il n'en demeure pas moins que l'utilisation de ces deux instruments nous apporte des enseignements intéressants. Dans un premier temps, nous nous appuierons sur l'analyse SWOT que nous avions déjà utilisée lors de la précédente étude mais qui avait été appliquée respectivement à : la Région Nord-Pas de Calais ; la Communauté d'Agglomération Lens-Liévin et la ville de Loos en Gohelle.

Section 1) L'analyse SWOT du site du 11/19

Forces	Faiblesses
· Site emblématique du Bassin Minier des Hauts de France ; · Point de repère du paysage minier ;	· Lieu dégradé par endroit ; · Lieu facilement accessible et vulnérable à d'éventuelles dégradations et à des actes de

[1] On retrouve un descriptif détaillé de ces deux méthodes dans tous les nombreux ouvrages de Stratégie des entreprises, pour notre part, nous nous sommes appuyés sur l'ouvrage de synthèse : *Stratégie* de BRULHART, FAVOREU et GHERRA paru en 2015 dans la collection DUNOD, Openbook.

· Site faisant l'objet d'une couverture médiatique importante ; · Site symbolisant le mieux le classement du Bassin Minier des Hauts de France au Patrimoine mondial de l'UNESCO ; . Proximité du Louvre-Lens, du Stade Bollaert-Delelis et des lieux de mémoire comme Vimy et Lorette ; · Nombreux visiteurs venant d'horizons divers ; · Site emblématique d'une reconversion durable d'une ancienne zone minière ; · Présences d'activités multiples en lien avec la culture, les bâtiments HQE, les éco-industries et le développement durable ; . Lieu d'arrivée du marathon de la route du Louvre ; · Lieu de randonnées et de promenades ; · Biodiversité particulièrement riches ; · Lieu présentant un intérêt architectural reconnu ; · Lieu de mémoire collective.	vandalisme ; . Lieu n'ayant actuellement pas un accès direct avec une sortie d'autoroute ; · Lieu nécessitant encore un certain nombre d'opérations d'aménagement ; · Incertitudes par rapport au réaménagement et à l'utilisation de la tour d'extraction ; . Absence de gouvernance sur le site.
Menaces	**Opportunités**
· Restrictions budgétaires affectant l'ensemble des Collectivités Territoriales et réduisant les possibilités pour les seuls Pouvoirs Publics d'envisager une opération d'aménagement de grande envergure ;	· Faire du site, un lieu de visite complémentaire des nombreux lieux de mémoire de la CALL comme Vimy et Lorette ; · Faire de la tour d'extraction, l'élément moteur du développement du site 11/19

· Réaffectation des subventions vers d'autres projets jugés prioritaires en lien avec l'installation du Louvre à l'instar du lieu d'accueil des collections du musée ; . Extension du territoire régional susceptible de réaffecter des crédits potentiels vers d'autres zones en difficulté du nouveau territoire régional.	à travers des projets culturels pouvant avoir un rayonnement international ; . Territoire situé au cœur de la zone EURALENS ; · Profiter de la dynamique du Louvre-Lens pour renforcer l'attractivité du site ; . S'appuyer sur le label « démonstrateur de la ville durable » de l'ADEME ; . Renforcer le pôle d'excellence dans le secteur des éco-industries ; · Création d'un site de formation aux métiers de l'environnement et du développement durable (Université du Développement durable).

L'analyse SWOT nous montre que les forces du site 11/19 semblent plus nombreuses que les faiblesses au niveau de l'analyse interne. En effet, au niveau des forces, on peut mettre en évidence plusieurs points forts, le premier d'entre eux est lié à l'aspect paysager du site. Celui-ci présente comme avantage d'être repérable à une longue distance lié principalement à la présence des deux terrils jumeaux (les plus grands d'Europe !) et dans le même temps à la tour d'extraction située pour sa part dans l'enceinte même du site. Cette particularité géographique renforce ainsi les campagnes de communication que l'on fait déjà depuis plusieurs années et que l'on pourrait encore renforcer à l'avenir. Sans avoir la prétention d'atteindre la notoriété de monuments comme la Tour Eiffel, la statut de la Liberté ou la Muraille de Chine, on peut estimer que le site dans son ensemble demeure l'un des points de repère non pas uniquement du Bassin Minier mais plus généralement de la nouvelle région.

Cette « reconnaissance visuelle » se double en même temps d'une forte couverture médiatique liée au dynamisme et au rôle pionnier de la ville de Loos en Gohelle dans le domaine du développement durable tout d'abord et depuis peu en raison du positionnement de la ville par rapport à la problématique de la TRI. Cette couverture médiatique s'est encore renforcée avec le classement du Bassin Minier au Patrimoine mondial de l'UNESCO. Même si Loos en Gohelle peut apparaître comme minuscule au regard de la superficie du territoire classée, elle symbolise sans doute le mieux aux yeux des personnes étrangères à la région, ce qu'a pu représenter l'extraction minière. De la même manière, les opérations de réaménagement et de réhabilitation du site depuis la fin des années 1980 contribuent à renforcer encore l'image de dynamisme d'une zone marquée par les chocs multiples liés à la fin de l'extraction charbonnière.

Un autre élément qui apparaît non négligeable en matière de reconnaissance du site réside dans le fait que le 11/19 se situe à proximité de quatre autres sites emblématiques de la CALL. Deux sont situés à proximité immédiate : le stade Bollaert-Delelis et le Louvre-Lens ; les deux autres sont positionnés à quelques kilomètres : le site de Vimy d'une part, le site de Lorette d'autre part. On pourrait trouver provocateur de mettre sur le même pied d'égalité deux lieux de mémoire liés aux durs combats de la guerre 14/18, un musée d'envergure nationale et un stade de football. Cependant ces quatre lieux ont au moins deux points communs : celui d'abord d'attirer des visiteurs extérieurs à la région et de faire l'objet à intervalle régulier d'un intérêt des médias nationaux voire internationaux, celui ensuite d'être en quelque sorte des symboles de l'image de la région mêlant à la fois la culture, le sport et l'histoire contemporaine. Le site du 11/19 peut se prévaloir tout à la fois d'être un lieu où ces éléments se combinent : la culture avec la présence d'une scène théâtrale comme Culture Commune et plus généralement l'architecture industrielle avec la sauvegarde des principaux bâtiments. Le sport, dans la mesure où les chemins de randonnée qui entourent le site sont l'occasion de promenades pour les marcheurs et autres joggeurs, l'arrivée de la course du Louvre-Lens au cœur du site le symbolise parfaitement. Un autre élément auquel on ne pense pas forcément lorsque l'on visite le site est le fait qu'il renferme une forte biodiversité à la fois faunistique et floristique. Enfin, si le 11/19 ne revêt pas le caractère émotionnel que l'on retrouve sur les sites de Vimy et de Lorette où tant de combattants sont morts dans les combats meurtriers de la Première Guerre Mondiale, on peut affirmer qu'il est à sa manière un lieu de mémoire, mémoire du travail des mineurs et symboliquement un lieu qui met en lumière le courage et le sacrifice de nombres d'entre eux, morts de la silicose. La conjonction de ces éléments explique pourquoi le site du 11/19 attire aujourd'hui de nombreux visiteurs extérieurs à la région. EURALENS dans son dernier rapport relatif à l'année 2015 nous indique que pour l'année 2014, 79 autocars étaient allés sur le plateau des terrils du 11/19 ; que 39 groupes avaient suivi une visite guidée du site du 11/19 et de la cité des provinces ; enfin 30 % des 10 000 visiteurs accueillis à l'office du tourisme avaient visité les éléments du patrimoine minier en particulier le site du 11/19.

Si les forces du site apparaissent évidentes, on ne peut occulter le fait que le site présente encore aujourd'hui un certain nombre de faiblesses. La principale se réfère à l'aspect actuel du site et à l'affectation future de certaines de ces zones. En effet, si le site a fait l'objet d'un certain nombre de travaux de revitalisation importants depuis un quart de siècle, sa grande surface n'a pas permis de résorber totalement son caractère de friche industrielle. Certaines zones comme la tour d'extraction et ses annexes ainsi que la maison de l'ingénieur située à l'entrée latérale apparaissent encore assez dégradées pour l'occasion. Un autre facteur important lié à l'immensité du site implique que l'on peut y pénétrer très facilement et qu'il apparaît difficile d'empêcher certaines incursions malveillantes donnant lieu à des actes de vandalisme, cet élément a sans doute pesé lourd lors de la décision d'annuler la manifestation du 3 Décembre 2015 dans le cadre de la COP 21. Pour finir, on peut mentionner deux autres éléments que l'on peut qualifier de négatifs : le premier est lié à l'accès au site. En effet, même si l'on peut y accéder de deux manières en venant de Loos en Gohelle et de Liévin d'une part et en venant de Lens d'autre part, certains visiteurs évoquent parfois des difficultés pour trouver l'entrée même si le site est par ailleurs repérable à plusieurs dizaines de kilomètres. Bien que la première bretelle d'accès à l'autoroute ne soit distante que d'un peu plus d'un kilomètre, bien que la signalisation soit parfaite, il n'est pas rare de voir les riverains devoir renseigner des visiteurs potentiels un peu désorientés pour l'occasion.

Le deuxième facteur relève plus du domaine « politique » en lien direct avec la gouvernance du site du 11/19. Celui-ci accueille en son sein plusieurs organismes très divers que l'on a déjà mentionnés auparavant et bien que la CALL soit propriétaire du site depuis 2000, elle ne coordonne pas l'activité de ces différentes entités. De fait, chacune de ces entités reste face à sa propre stratégie de développement ce qui pourrait le cas échéant s'avérer contradictoire en les confrontant. Même si la concentration d'individus sur une zone très petite facilite grandement les échanges, même si chaque responsable d'entité connaît très bien les autres, il nous semble essentiel qu'un organe de coordination de ces activités puisse voir le jour dans un proche avenir, il reste à en imaginer la forme !

Si l'on analyse à présent l'environnement externe du site du 11/19, on constate que les opportunités de développement prédominent par rapport aux menaces potentielles qui pourraient peser sur lui à plus ou moins long terme. La principale menace est d'ordre financière. Comme nous venons de le souligner, le site a déjà subi de nombreuses transformations lui donnant un caractère toujours plus accueillant tout en demeurant une friche dans certaines parties de sa surface. Dans cette optique, si l'on souhaite continuer à l'aménager et telle est la volonté de la ville de Loos en Gohelle et de la CALL, ces opérations nécessiteront de mobiliser une quantité importante de fonds que les Collectivités locales n'ont pas la possibilité de réaliser, à moins d'étaler ces investissements sur une très longue période (20 ou 30 ans). En outre, une instance comme le Conseil Régional des Hauts de France, avec l'intégration de la Picardie aura à cœur de répartir le financement des projets sur l'ensemble du territoire régional réduisant ainsi potentiellement l'allocation des ressources pour un projet de développement futur du 11/19. Si l'on rajoute à cela le fait que l'État s'est engagé fortement au cours des dernières années dans des projets comme l'implantation du Louvre à Lens, cela limite en partie sans l'exclure toutefois les possibilités d'obtenir de nouveaux financements pour des projets lourds dans un futur proche !

Concernant les opportunités, elles se matérialisent à travers deux domaines distincts mais qui pourraient le cas échéant se rejoindre à l'avenir en fonction des opérations d'aménagements, ce sont respectivement : la Culture couplée au tourisme d'une part, le développement des éco-activités en lien avec la mise en place de la TRI d'autre part.

Au niveau de la culture et du tourisme, l'implantation du Louvre-Lens et plus récemment de la Maison des Artistes de François Pinault ainsi que l'inscription au Patrimoine mondial de l'UNESCO ne peut que renforcer l'attractivité touristique du site et plus généralement de la zone dans laquelle, celui-ci s'insère.

Dans le même temps, le positionnement résolument volontariste du site par rapport aux éco-activités et les actions déjà entreprises au regard de la TRI nous conduit à préconiser un renforcement de toutes les initiatives déjà en vigueur, l'idée de faire du site 11/19 l'un site de référence du développement durable et de l'économie « verte » au niveau mondial ne relève pas de la simple utopie dans le cas présent. Le développement de ces activités pourrait également s'accompagner d'une orientation appuyée vers l'économie du savoir avec la création d'une école ou d'une « université du développement durable ».

Si l'approche micro-économique laisse apparaître un certain nombre de pistes possibles de développement, il ne faut pas pour autant négliger le macro-environnement qui sans influencer directement les projets futurs peut contribuer à les infléchir par ailleurs, le modèle PESTEL nous permet de déplacer notre analyse à un échelon macroéconomique.

Section 2) Le site du 11/19 face au macro-environnement : le modèle PESTEL

Toutes les entreprises sont confrontées d'une manière générale à une concurrence plus ou moins forte qui les oblige à adapter leurs stratégies en conséquence, les multiples ouvrages de stratégie dont celui précité dans le texte nous permet de mieux les appréhender et de les comprendre. Toutefois, une entreprise doit tenir compte d'un certain nombre de facteurs qui peuvent l'influencer plus ou moins directement, ces facteurs sont au nombre de 6 et sont regroupés sous l'acronyme PESTEL (Politique, Economique, Social, Technologique, Environnemental, Légal). Ainsi le modèle PESTEL peut se définir plus largement comme une méthodologie d'analyse qui permet d'appréhender et d'évaluer l'environnement général des entreprises dans le but d'identifier les éléments susceptibles d'influencer de manière positive ou négative, leur développement et leur performance.

Si l'on doit admettre que ce modèle s'applique d'abord à une entreprise, on peut essayer de l'adapter à une zone d'activité comme le 11/19 qui subit aussi l'influence de son macro-environnement. Avant d'analyser la situation spécifique du site 11/19, il convient de dégager les grandes lignes relatives à chaque élément afin de voir dans quelle mesure, elles sont susceptibles de s'appliquer à Loos en Gohelle. Le tableau 9 laisse apparaître les 6 composantes de l'analyse PESTEL telles qu'elles sont décrites par Brulhart, Favoreu et Gherra (2015).

Tableau 9 : Les composantes du macro-environnement du modèle PESTEL

Dimension du macro-environnement	**Composantes de chacune des dimensions**
Dimension politique : P	- Stabilité du gouvernement et des institutions ; - Attitude vis-à-vis du privé et de la concurrence ; - Politiques publiques sectorielles ; - Politiques monétaires et budgétaires ; - Politiques en matière de commerce international et d'aide à l'exportation ; - Politiques en matière de recherche.
Dimension économique : E	- Evolution du PIB ; - Taux d'inflation et de chômage ; - Taux d'épargne et d'endettement des ménages ; - Evolution des salaires et du pouvoir d'achat ; - Taux de création d'entreprises ; - Evolution de la structure économique en termes de secteur d'activité.
Dimension sociologique : S	- Evolution de la pyramide des âges ; - Taux de natalité, vieillissement, évolution de la structure démographique ; - Structure des dépenses de consommation ;

	- Phénomène d'urbanisation et de mobilité ; - Evolution des structures en termes de CSP et de population active.
Dimension technologique : T	- Apparition de nouvelles technologies ; - Convergences technologiques ; - Financement public de la RandD ; - Clusters technologiques et pôle de compétitivité ; - Emergence ou confortement de standards technologiques ; - Investissement RandD du privé ;
Dimension environnementale : E	- Prise de conscience écologique ; - Montée en puissance des produits et de la consommation verte ; - Groupes de pression et lobbying écologiques ; - Préoccupation environnementale en termes de recyclage, de gestion des déchets, d'économies d'énergie.
Dimension légale : L	- Normes techniques et sanitaires ; - Droit du travail et des sociétés ; - Réglementation fiscale et financière ; - Lois sur la protection de l'environnement et la responsabilité sociétale des entreprises ; - Réglementation concernant la concurrence et l'ouverture des marchés ; - Législation sociale.

Comme nous pouvons le constater dans le tableau 9, les composantes du macro-environnement se déclinent en une multitude de sous-catégories qui peuvent s'appliquer totalement à une entreprise mais aussi à une zone d'activité, voyons dans un tableau 10 comment certaines de ces composantes pourraient influencer l'évolution de la stratégie de développement du site du 11/19.

Tableau 10 : Les dimensions de l'analyse PESTEL susceptibles d'influencer la stratégie de développement futur du site 11/19

Composantes du macro-environnement	**Déclinaison des sous-catégories au site du 11/19**
Dimension Politique : P	- Relative stabilité politique au niveau local (Majorité politique inchangée au sein de la CALL et du Département, changement à la Région mais sans remise en cause actuelle des grands projets de développement initiés par la précédente majorité) ; - Politiques visant à promouvoir l'économie verte encouragée par la présence de ministres écologistes au gouvernement ; - Politiques budgétaires restrictives visant à réduire l'endettement limitant en partie le développement de certains programmes nationaux susceptibles d'impacter sur le 11/19 mais volonté du nouvel exécutif régional de poursuivre l'effort vers la TRI ;
Dimension Economique : E	- Taux de croissance qui reste faible mais qui pourrait évoluer à la hausse grâce au développement de nouveaux secteurs d'activités comme les éco-industries ; - Fort taux de chômage supérieur à la moyenne nationale dans le Bassin d'emploi de Lens mais taux de chômage plus faible à Loos en Gohelle ; - Evolution relativement faible du pouvoir d'achat des ménages, extinction progressive des transferts intergénérationnels des veuves de mineurs silicosés vers leurs enfants et petits-enfants ; - Créations d'entreprises pouvant être encouragées dans le secteur des éco-industries et de l'économie créative ; - Désindustrialisation progressive du pays mais compensation partielle par création d'éco-services.

Dimension Sociologique : S	- Vieillissement progressif de la population et augmentation du nombre de séniors à la fois au niveau national et au niveau local impliquant un développement potentiel des activités liées à la Silver Economy ; - Evolution faible du pouvoir d'achat impliquant potentiellement une évolution moindre des dépenses liées aux activités de loisirs et culturelles ; - Développement de l'urbanisation mais avec un étalement urbain plus important, avec l'augmentation de la population à la périphérie de Lens-Liévin ; - Diminution du secteur primaire et secondaire et augmentation du secteur tertiaire ;
Dimension Technologique : T	- Apparition de nouvelles technologies dans le secteur de l'énergie et de l'environnement ; - Présence au sein du 11/19 du pôle de compétitivité TEAM 2, développement du cluster des éco-activités ;
Dimension Environnementale : E	- Prise de conscience écologique au niveau international avec la signature du Traité de Paris ; - Développement des produits bio, de la chimie verte et des produits écoresponsables ; - Montée en puissance des groupes de pression et du lobbying écologique ; - Préoccupation environnementale de plus en plus forte en termes de recyclage, de gestion des déchets avec le développement de l'ACV.
Dimension Légale : L	- Développement de normes techniques et sanitaires toujours plus drastiques ; - Evolution potentielle des lois sur le Partenariat Public Privé ; - Renforcement des lois sur la protection de l'environnement et l'obligation d'instituer la RSE.

L'analyse du macro-environnement laisse entrevoir un certain nombre d'influences non négligeables sur la stratégie de développement futur du site. Si la situation économique ne nous incite pas à l'optimisme et entraine de fait l'adoption de politiques de rigueur, elle pourrait s'améliorer si l'on fait le pari du développement des nouvelles formes d'économie à l'échelle nationale. L'évolution des dimensions technologiques et environnementales au niveau international et national pourraient avoir des répercussions sur le site du 11/19 dans la mesure où il se place désormais comme une référence dans les éco-industries.

CHAPITRE 9 :

LA LOCALISATION DES ACTIVITES SUR UN TERRITOIRE ET LES CONDITIONS NECESSAIRES AU DEVELOPPEMENT DES ZONES D'ACTIVITES TELLES QUE LE 11/19

Après avoir examiné les forces et les faiblesses de la base du 11/19 et mis en lumière l'intérêt d'une démarche de marketing territorial, il nous semble intéressant d'examiner les différents facteurs de localisation des activités en distinguant les facteurs de localisation des activités industrielles d'une part et les facteurs de localisation des activités résidentielles d'autre part.

Certaines disciplines scientifiques comme l'économie et la géographie étudient depuis fort longtemps les mouvements de localisation des activités agricoles tout d'abord et industrielles ensuite[1]. Le développement du capitalisme et des échanges internationaux ayant conduit à la mondialisation a enrichi ces approches en les focalisant plus particulièrement sur la répartition des activités économiques (industrielles et de services) à l'intérieur des grandes zones géographiques. Plus récemment des travaux en psychologie se sont intéressés aux motivations qui poussent les individus à s'installer dans un lieu plutôt qu'un autre[2], dans le même temps les économistes ont orienté pour partie leur recherche vers l'attractivité résidentielle d'une zone, Alexandre, Cusin, Juillard (2010). Par rapport à ces travaux, il nous semble intéressant de scinder les facteurs de localisation en deux parties : d'abord en nous focalisant sur les facteurs de localisation des activités industrielles et par extension vers les activités de service, la ville de Loos en Gohelle ayant été pour sa part, un lieu symbolique de l'exploitation charbonnière passée et désirant attirer de nouvelles activités constitue pour l'occasion un bon exemple.

---

1 On trouvera une synthèse des principales théories de la localisation d'un point de vue économique chez AYDALOT, 1985, *Economie Régionale et Urbaine,* Édition Economica, Collection Economie, Paris, 487 p et d'un point de vue géographique chez GENEAU DE LAMARLIERE et STASZAK, 2000, *Principes de géographie économique,* Édition BREAL, Collection Grand Amphi Géographie, 448 p.

2 On trouvera une synthèse de l'ensemble de ces travaux chez MOSER, 2009, *Psychologie environnementale,* Éditions DE BOECK, 300 p.

De la même manière, l'implantation de nouvelles activités ne doit pas nous faire oublier que celles-ci s'accompagnent également de l'arrivée dans une zone de nouveaux habitants qui vont être sensibles tout particulièrement à d'autres séries de facteurs, ce qui nous conduira à mettre en avant les facteurs d'attractivité résidentielle.

Section 1) Les facteurs de localisation des activités industrielles

La prise en compte de la localisation des activités industrielles peut varier en fonction de l'échelle géographique à laquelle on se réfère, les paramètres sont différents si l'on se place dans une perspective mondiale ou au contraire locale, la grille de lecture pourra varier considérablement. Pour notre part, nous nous sommes appuyés sur la typologie utilisé par Geneau de la Marlière et Staszak (2000) qui ont construit un tableau où l'on retrouve les items suivants : les besoins ; la nature des besoins ; l'hétérogénéité sur un territoire ; l'opacité et les conséquences spatiales. La forme de ce découpage conduit à une analyse extrêmement fine de la dimension spatiale de la localisation des firmes. Toutefois dans un souci de synthèse, nous avons choisi de ne faire apparaître que trois items dans le cas présent : les facteurs de localisation ; les contraintes spatiales éventuelles et pour finir le positionnement de la ville de Loos en Gohelle au regard de ces facteurs, tel sera l'objet du tableau 11.

Tableau 11 : Les facteurs de localisation des activités industrielles, les contraintes spatiales et le positionnement de la ville de Loos en Gohelle[3]

Facteurs de localisation	**Contraintes spatiales éventuelles**	**Positionnement de la ville de Loos en Gohelle**
Matières premières	La présence de matières premières à proximité d'une entreprise constitue un facteur de localisation non négligeable et permet de diminuer de manière conséquente les coûts de transport.	À l'époque de l'exploitation charbonnière, Loos en Gohelle disposait d'un atout indéniable, toutefois, on doit fortement relativiser la situation actuelle dans la mesure où le positionnement géographique de la ville au cœur des grands axes de transports limite en

[3] Les deux colonnes du tableau 11 sont extraites de l'ouvrage de Geneau de la Marlière et Staszak, 2000, *Principe de géographie économique,* Éditions BREAL, Collection Grand Amphi Géographie, 448 p, la dernière colonne a été élaborée par l'auteur.

		partie les coûts de transports.
Terrain	La présence de terrains disponibles en quantité suffisante et vendus à un prix raisonnable reste l'un des éléments essentiels de la localisation des activités, c'est vrai tout particulièrement pour les activités industrielles qui nécessitent beaucoup d'espaces et sensiblement moins pour les activités de services.	La ville de Loos en Gohelle possède des réserves foncières de par la présence de nombreux terrains agricoles qui pourraient faire l'objet d'une utilisation future pour accueillir de nouvelles activités. L'élément le plus notable réside dans le fait que le 11/19 disposerait en cas de réaménagement majeurs d'un espace pour de petites unités, l'exemple de la pépinière d'entreprises et peut-être demain de la tour d'extraction constitue des potentiels à exploiter. Plus généralement, le réaménagement des friches industrielles au sein du territoire de la CALL permettrait également de libérer à terme des terrains aménageables.
Capitaux financiers	L'existence de grands établissements financiers et d'organismes de crédits au sein d'une zone est un élément intéressant pour des investisseurs potentiels, l'histoire nous montre qu'un certain nombre d'industries se sont développées dans des zones où ils pouvaient trouver facilement des	Concernant Loos en Gohelle, son rayonnement dans le domaine du développement durable contribuerait à attirer potentiellement des capitaux pour de gros investissements. Un autre élément que l'on doit mentionner réside dans le fait qu'il pourrait être utile dans le cas présent de

	capitaux. De nos jours, la globalisation financière rend un peu moins contraignante le fait de ne pas avoir de financeurs à proximité.	développer les opérations de « Capital Ventures » qui sont l'un des vecteurs de la croissance des clusters aux Etats-Unis et hélas encore trop peu développés en Europe. La mise en place progressive de la TRI serait susceptible de développer ce genre de pratique.
Disponibilité de la Main d'œuvre	La quantité de main d'œuvre disponible est un autre élément important du développement local, sa pénurie entraine ainsi une augmentation inévitable du coût du travail.	Si l'on se réfère uniquement à l'aspect quantitatif de la main d'œuvre, Loos en Gohelle et plus généralement la CALL dispose d'une main d'œuvre disponible si l'on examine le taux de chômage élevé au sein de la zone.
Qualification de la Main d'œuvre	Avec le développement des activités de hautes technologies à forte valeur ajoutée en même temps que les activités de service, la qualification de la main d'œuvre au sein d'une zone est devenu un élément de plus en fort pour l'implantation au sein d'une zone.	Si la ville de Loos en Gohelle dispose d'une main d'œuvre disponible, on peut estimer en revanche qu'à l'instar de nombreuses autres villes du Bassin minier, celle-ci demeure sensiblement moins qualifiée que la population active nationale. Il nous faut nuancer cet effet négatif dans la mesure où la mobilité infrarégionale de la main d'œuvre pourrait accompagner un développement futur de la zone.
Contrôle du fonctionnement de la firme	Derrière cette terminologie un peu alambiquée, on retrouve en fait l'argument	Ce facteur de localisation est pour le moins complexe concernant la

	consistant à dire qu'une entreprise a intérêt à s'implanter à proximité d'autres entreprises du même groupe.	ville de Loos en Gohelle. En effet, si l'on peut admettre qu'une entreprise fait le choix de s'installer à proximité de sa maison mère, cela limite un peu les possibilités de faire venir certaines activités sur le territoire. Toutefois, le développement de la technologie ayant permis une mise en réseau des informations au sein des entreprises relativise fortement ce qui pouvait apparaître initialement comme une contrainte.
Échanges internes au cours de la production d'un point de vue matériel	On peut faire la même remarque par rapport à l'item précédent en termes de compréhension de ce déterminant. Il s'agit ici de prendre en considération le fait qu'une entreprise peut décomposer son processus de production en une multitude de taches positionnée sur plusieurs unités de production.	Dans le cas présent, ce facteur pourrait jouer un rôle si la ville de Loos en Gohelle voudrait accueillir des industries lourdes, or nous savons que ce n'est pas ce vers quoi l'on s'oriente à l'avenir !
Échanges internes au cours de la production d'un point de vue immatériel	On retrouve la même situation que précédemment mais au niveau des échanges d'information sur le processus de production.	On peut réutiliser les mêmes arguments en considérant que la ville de Loos en Gohelle ne s'oriente pas vers l'accueil de grosses unités de production.
Technologie	Le facteur technologie peut se décliner sous deux formes : l'accès à la technologie sous forme d'achats et plus spécifiquement l'accès à	Concernant Loos en Gohelle, il s'agit ici d'examiner le positionnement de la ville par rapport aux centres de recherche, aux universités

	l'information sur les évolutions technologiques.	et autres systèmes productifs locaux. On peut estimer que la ville et plus généralement l'agglomération est bien positionnée par rapport à ces différents types d'établissements (Université, École d'ingénieur, IUT, proximité de la métropole lilloise)
Taille du marché local	La taille du marché et les débouchés potentiels peuvent influencer l'implantation des activités. L'exemple de l'implantation de TOYOTA et de SEVELNORD à proximité du marché de l'Europe du Nord-Ouest constitue un bon exemple	Concernant la taille du marché local, l'analyse dépend de la fixation des limites de ce même marché, à l'échelle de la commune, il est petit mais de plus en plus grand si on l'étend à la nouvelle région jusqu'au Kent et à la Belgique.
Information sur les clients potentiels	Ce dernier facteur lié à la localisation des activités peut se comprendre par le fait que des entreprises d'un secteur vont se concentrer là où l'on peut trouver facilement des informations sur les goûts des clients, par exemple, l'industrie textile dans le quartier du Sentier à Paris.	Le fait que Loos en Gohelle accueille le CDEE sur le site du 11/19 et le cluster TEAM 2 favorise fortement les échanges d'information sur les clients potentiels de ce secteur.

Comme nous pouvons le constater, les facteurs de localisation des activités industrielles et par extension des activités de services sont multiples et parfois complexes à appréhender, cette grille de lecture est surtout adaptée à l'installation de grandes entreprises sur une zone, en revanche pour l'implantation de petites unités, pour des activités de services très spécialisés cette analyse se révèle moins pertinente. Dans le cas de Loos en Gohelle, on peut estimer que la ville dispose d'un certain nombre d'arguments pour accueillir de petites unités de production, des activités de services mais aussi et nous reviendrons là-dessus dans la dernière partie, des activités culturelles et touristiques qui n'ont pas besoin de réunir simultanément tous les facteurs de localisation précités. Si l'« attractivité industrielle » demeure un élément important, l'investissement dans une zone dépend tout autant d'autres éléments qui déterminent une autre forme d'attractivité : l'attractivité résidentielle.

Section 2) Les facteurs de localisation de l'attractivité résidentielle

Comme nous l'avons mentionné en introduction de ce chapitre, le concept d'attractivité résidentielle a donné lieu à un certain nombre de travaux récents, dans son ouvrage consacré au lien entre les entreprises et les territoires, Sauvin (2015) estiment que les territoires qui attirent, reçoivent de fait des revenus issus des nouveaux arrivants. De cela découle une injection de ressources susceptibles de dynamiser l'économie territoriale grâce à l'effet multiplicateur. Dans cette perspective, il définit l'attractivité résidentielle comme un concept qui renvoie à des aspects purement subjectifs : l'attrait du territoire ou de la ville. Une ville attractive est une ville qui séduit par son positionnement, son architecture, son passé et ses animations en lien avec son histoire, ainsi certaines personnes choisissent de s'y installer et d'y investir.

Pour bien comprendre les éléments constitutifs de l'attractivité résidentielle, nous nous appuierons sur les travaux d'Alexandre, de Cusin et de Juillard (2010) qui font référence dans ce domaine. Ces derniers ont élaboré un tableau avec quatre items : les composantes de l'attractivité résidentielle ; les ressources objectives ; les ressources symboliques et des exemples d'indicateurs permettant de mesurer cette attractivité.

Pour notre part, nous essaierons d'appliquer ce tableau à la ville de Loos en Gohelle avec trois items : les composantes ; les ressources objectives et subjectives et le positionnement de la ville de Loos en Gohelle par rapport à chacune des composantes.

Tableau 12 : Les composantes de l'attractivité résidentielle et le positionnement de la ville de Loos en Gohelle[4]

Composantes de l'attractivité résidentielle	**Ressources objectives et subjectives**[5]	**Positionnement de la ville de Loos en Gohelle par rapport à chacune des composantes**
Géographie et climat	Par rapport à cette composante, on va retrouver l'ensemble des caractéristiques liées à la géographie physique : la proximité de la mer, d'un fleuve en même temps que le climat. Au niveau des ressources subjectives, on pourra mettre en évidence une valeur paysagère attribuée à un territoire ou encore une valeur symbolique comme un lieu de mémoire.	La ville de Loos en Gohelle et plus généralement le Bassin Minier disposent d'un paysage tout en contraste avec des vestiges importants de l'exploitation charbonnière en même temps que l'existence de nombreux espaces verts et de terrains agricoles. L'ensemble de ces éléments ont sans aucun doute contribué à son classement au Patrimoine Mondial de l'Unesco. Si l'on se focalise sur Loos en Gohelle, le site du 11/19 avec ses terrils dispose d'une valeur symbolique forte, celle-ci est encore renforcée par le fait que la commune compte un certain nombre de cimetières militaires, héritage douloureux de la Première Guerre mondiale mais lieu de recueillement par ailleurs.

4 Les deux premières colonnes du tableau sont extraites de l'ouvrage d'Alexandre, Cusin, Juillard, 2010, L'attractivité *résidentielle des agglomérations françaises,* Chaire Ville et Immobilier, Juillet 2010, Dauphine Université Paris, la troisième colonne a été élaborée par l'auteur.

5 Dans ce tableau, on distingue les ressources objectives par exemple la proximité de la mer et les ressources subjectives comme la valeur attribuée à un lieu situé à côté de la mer.

Accessibilité	L'accessibilité se traduit ici par la position du territoire par rapport aux réseaux de transports interurbains et plus généralement par rapport aux grandes voies d'accès. Il peut se traduire chez les habitants du territoire par un sentiment de centralité	Concernant Loos en Gohelle, la ville apparaît bien située au regard des grands axes routiers et autoroutiers (commune entourée par des routes nationales, desservie par deux sorties d'autoroute et peu éloignée de trois gares). Pour terminer, la ville s'insère dans un réseau de transports urbains qui couvre toute la CALL.
Démographie	Dans le cas présent, on prend en compte à la fois le dynamisme démographique et l'évolution de la population à la fois en nombre et par rapport à certaines caractéristiques. L'examen des modes de vie peut être complémentaire mais avec un caractère plus subjectif.	Si l'on examine l'évolution de la population loossoise, on constate une stagnation de la population depuis quelques années, population qui diminue sur le long terme. Cette évolution s'explique principalement par un solde migratoire négatif lié en grande partie à la volonté de nombreux jeunes de trouver ailleurs un meilleur emploi. Au niveau de la structure de la population, on peut constater une augmentation du nombre de cadres moyens et supérieurs sur le long terme.
Organisation politique	L'organisation politique s'appréhende ici à travers la position de la zone dans le système politique national. Elle peut se décliner au niveau local par le poids des	Par rapport à cette composante, il apparaît évident que d'un point de vue politique, Loos en Gohelle pèse moins lourd que Lens, Liévin, Hénin-

	institutions dans le processus de décision. Enfin d'un point de vue plus économique, elle est représentée par le montant des recettes fiscales. Un dernier élément plus subjectif mais à prendre en considération réside dans le rayonnement international de la zone.	Beaumont et Carvin. Au niveau des recettes fiscales, la ville à l'instar d'autres villes de la CALL n'a pas une population aisée qui pourrait lui apporter beaucoup de recettes fiscales. L'élément positif que l'on doit souligner est le fait que la ville commence à avoir un rayonnement international reconnu grâce à son positionnement tournée vers le développement durable.
Economie	Par rapport à la situation économique d'une zone, des éléments aussi divers que le dynamisme économique, la présence de certains secteurs d'activités, le niveau de l'emploi et des rémunérations peuvent être cités.	La ville de Loos en Gohelle se trouve dans une zone géographique marquée par de grosses difficultés économiques, un taux de chômage assez élevé et un niveau de revenu inférieur à la moyenne nationale.
Urbanisme	Pour juger de la qualité de l'urbanisme, plusieurs éléments doivent être pris en considération comme la densité du tissu urbain, la qualité des espaces publics et l'existence de projets urbains structurants. Ces mêmes projets urbains peuvent faire l'objet d'une notoriété national, exemple de la construction du quartier d'Antigone à Montpellier.	On peut estimer que l'urbanisme à Loos en Gohelle est un des points forts du territoire, d'abord à travers la qualité des espaces publics ensuite grâce aux multiples projets d'aménagements urbains en lien avec la démarche HQE.
Logement	Concernant le logement, deux éléments sont à	Concernant la ville de Loos en Gohelle, les

	prendre en considération : l'offre de logement et le coût du logement. L'opinion de la population sur les conditions de logement est aussi un élément qu'un territoire peut utiliser.	multiples opérations de constructions de logements depuis le milieu des années 70 ont contribué progressivement à changer l'image de la ville. L'attractivité relative qui se matérialise par la demande de maisons de qualité fait grimper les prix depuis plusieurs années.
Conditions sociales	Derrière cette composante, on retrouve toute une série de de facteurs assez disparates : les inégalités sociales, le coût de la vie, la sécurité, la cohésion sociale, la capacité à intégrer les nouveaux entrants et les politiques sanitaires et sociales. D'un point de vue plus subjectif, l'image de la ville, la qualité de la vie, la convivialité, l'ambiance et la capacité d'une zone à se construire une identité et à la diffuser à la population sont autant d'éléments à mentionner.	Au niveau des conditions sociales, on peut estimer que la ville de Loos en Gohelle se positionne plutôt bien au niveau de la sécurité, de la cohésion sociale et par rapport à sa capacité à intégrer les nouveaux arrivants. De la même manière que les multiples politiques publiques mise en œuvre depuis plusieurs décennies ont fini par développer le sentiment chez les habitants qu'il y fait bon vivre !
Infrastructures	Les infrastructures regroupent dans le cas présent toute une série d'équipements : Les équipements et les services aux personnes, les services de transports, les ressources éducatives (école maternelle jusqu'à l'université) et les services sanitaires et sociaux. Une bonne appréciation de la	La ville de Loos en Gohelle située à proximité de villes beaucoup plus grande comme Lens et Liévin ne dispose pas obligatoirement sur son territoire de tous les services mentionnés, toutefois cette proximité très forte semble jouer un rôle non négligeable au regard de son attractivité.

	qualité des infrastructures peut également être mentionnée.	
Culture et patrimoine	Derrière cette composante, on retrouve la présence de monuments historiques et architecturaux, des infrastructures culturelles et l'existence de sites touristiques. Des éléments comme la notoriété touristique et médiatique peuvent également être mentionnés.	La ville de Loos en Gohelle comme nous avons eu et nous aurons l'occasion de le répéter à nouveau bénéficie de la présence de monuments architecturaux comme la tour d'extraction du 11/19. Dans le même temps, sur le site du 11/19, on retrouve la présence de Culture Commune. Pour finir, l'inscription du site du 11/19 au Patrimoine mondial de l'UNESCO, la forte couverture médiatique de la ville contribue à multiplier les visites touristiques.
Environnement et politique de développement durable	On regroupe derrière cette composante la présence d'espaces verts et l'existence de nuisances environnementales et les mesures visant à la réduire. On peut rajouter également la capacité à être emblématique des villes durables.	Par rapport à cette dernière composante, Loos en Gohelle est en position de force à travers sa capacité à être emblématique des villes durables, les futurs projets d'aménagement renforceront encore cet avantage.

Si l'on se place d'un point de l'attractivité résidentielle, on constate que la ville de Loos en Gohelle bénéficie d'un certain nombre de points forts qui pourraient être un élément important dans sa capacité à accueillir de futurs grands projets d'aménagement même s'il reste toutefois des points faibles par rapport aux difficultés rencontrées par une partie de sa population.

Après avoir examiné les facteurs de localisation des activités, il nous semble intéressant de nous focaliser sur certaines expériences d'aménagement de zones d'activités économiques en commençant pour les distinguer en fonction de certaines de leurs caractéristiques.

CHAPITRE 10 :

L'ECONOMIE CREATIVE

L'économie créative est considérée à juste titre comme un concept relativement récent en sciences économiques bien qu'elle fasse l'objet d'un certain nombre de contributions intéressantes depuis le début du 21 ème siècle, on peut citer notamment Howkins (2001), Florida (2002), Liefooghe (2010) et Liefooghe, Mons et Paris (2016). Dans un premier temps, il convient de définir ce qu'est l'économie créative tant les définitions élargissent souvent ce concept, dans un deuxième temps, nous examinerons les facteurs qui favorisent la créativité d'un territoire, ces facteurs pouvant être le cas échéant se transformer en actions émanant de la ville de Loos en Gohelle.

Section 1) Les caractéristiques de l'économie créative

Les différents travaux portant sur l'économie créative partent du postulat que la créativité peut être considérée comme un mode de production d'idées nouvelles pouvant ou non aboutir à des innovations. Cette manière d'aborder la créativité avait abouti à la création du concept de *brainstorming* inventé par le publicitaire américain Osborn en 1939, processus de créativité à l'usage des « créatifs » du monde publicitaire, le même Osborn en 1959 définira la créativité comme l'aptitude à créer des idées grâce à l'imagination. Cette approche de la créativité fut reprise ensuite par Howkins (2001) en la transformant en économie créative. L'économie créative telle que la conçoit Howkins présente un point commun avec l'approche d'Osborn : celui de faire de l'argent avec des idées ce qui correspond assez bien à ce que s'efforcent de faire les publicitaires, mais également les chercheurs qui travaillent dans les laboratoires à concevoir de nouveaux prototypes destinés à être vendus ensuite par les entreprises. Toutefois, elle présente un point de divergence dans la mesure où Howkins estime que l'économie créative repose sur les droits de propriété intellectuelle (DPI), c'est-à-dire à travers la valorisation économique d'idées permettant la création de nouveaux produits ou services et de l'appropriation par la sphère privée des idées, des inventions et des innovations. Florida (2002) pour sa part élargira le concept d'économie créative en considérant que cette dernière se matérialise à travers la présence au sein d'une communauté d'un grand nombre de talents qu'il appelle la « classe créative ». On passe ainsi de l'imagination de quelques personnes comme source potentielle de richesse à un très grand nombre d'individus susceptibles de développer de nouvelles idées. La principale divergence entre Florida et Howkins réside dans le fait que la créativité pour Florida ne se limite pas à la propriété intellectuelle matérialisée par un brevet mais par une approche plus vaste où chaque individu posséderait une capacité à créer souvent insoupçonnée. Le développement des réseaux sociaux pourrait constituer un excellent vecteur de cette créativité, celle-ci ne présente plus obligatoirement un caractère marchand même si elle relève toujours de l'immatériel.

Ainsi, un habitant d'une commune qui souhaiterait peindre la devanture de sa maison en s'inspirant des œuvres de Dali ou de Picasso pourrait être considéré comme créatif, l'effet positif qu'il est susceptible de produire sur ses voisins à un caractère totalement gratuit. Pour Liefooghe (2010 et 2016), « l'économie créative s'inscrit dans le mouvement de transformation du capitalisme dans lequel le savoir, la connaissance et l'imagination humaine sont sources de création de valeur par les innovations qu'elles peuvent engendrer ». Dans cette optique, pour bien comprendre le concept, il nous faut d'abord distinguer entre l'économie créative et les industries créatives qui en font partie intégrante, il nous faut distinguer ensuite si l'on considère que l'économie créative se développe à partir d'un territoire : la ville de création de la ville créative.

On doit admettre qu'il ne peut y avoir d'économie créative sans la présence d'industries créatives sur un territoire, ces dernières constituent en quelques sortes le moteur de la première. Dans cette optique, comment peut-on délimiter les industries créatives ? Cette question fait encore aujourd'hui débat car suivant l'idée que l'on se fait de la créativité, on peut être amené à incorporer dans ces industries des éléments qui ne devraient pas en faire partie. Si l'on prend la classification de la CNUCED (2010), on retrouve quatre subdivisions :

— le patrimoine ;
— les arts ;
— les médias ;
— les créations fonctionnelles.

Cette approche de la CNUCED apparait séduisante dans la mesure où elle couvre un champ très large d'activité qui peut donner lieu à de la créativité, toutefois cette approche nous pose problème dans la mesure où à l'intérieur du patrimoine qui se subdivise en deux parties : les expressions culturelles et les sites culturels, ces derniers qui regroupent respectivement les sites archéologiques, les musées, les bibliothèques et les expositions ne semblent pas vraiment laisser la place à la créativité. Un exemple qui concerne directement

Loos en Gohelle l'illustre bien à travers la présence des terrils jumeaux du 11/19, même si ces derniers ont fait l'objet d'aménagements, on doit admettre qu'ils n'ont pas à l'origine été créés dans le but d'en faire un jour ressurgir la créativité ! Selon nous, les sites archéologiques, les musées et les bibliothèques se rattachent à une autre branche de la science économique : l'économie du patrimoine que nous allons examiner dans un chapitre ultérieur.

Dans cette optique, nous avons choisi de prendre en considération comme industries créatives celles qui apparaissent dans le modèle du Copyright de l'OMPI (Organisation mondiale de la propriété intellectuelle). Bien que cette dernière n'intègre que les activités donnant lieu à un droit de propriété et par extension un caractère marchand, nous verrons qu'un certain nombre des activités recensées peuvent faire l'objet d'une création ne donnant pas forcément lieu à un échange marchand. Le tableau numéro 13 nous montre les différentes composantes des industries créatives selon l'OMPI.

***Tableau 13 : La classification des industries créatives selon le Modèle du copyright*[1]**

Principales composantes des industries créatives selon le modèle du copyright de l'OMPI	**Industries créatives concernées**
Cœur des industries du copyright	- Publicité ; - Sociétés de gestions collectives des droits d'auteur ; - Film et vidéo ; - Musique ; - Spectacle vivant ; - Édition ; - Logiciels ; - Télévision et radio ; - Arts plastiques et graphiques.
Industries du copyright interdépendantes	- Support des enregistrements vierges ; - Electronique grand public ; - Instruments de musique papier ; - Photocopieurs ; - Equipement photographiques.

[1] Le lecteur trouvera un tableau décrivant les Systèmes de classification des industries créatives dont le Modèle du copyright n'est que l'un des éléments dans l'ouvrage de Liefooghe et Alii : *« L'économie créative et ses débats, Enjeux et débats »*, page 13, Éditions Presses Universitaires de Rennes, 2015.

Industries du copyright pour partie	- Architecture ; - Habillement ; - Chaussure ; - Design ; - Mode ; - Bien d'équipements ménagers ; - Jouets.

Comme nous pouvons le constater, les industries créatives constituent un ensemble très hétérogène si l'on se place dans la perspective du modèle de l'OMPI, une grande partie des activités du cœur des industries du copyright pourraient faire l'objet de diffusion non marchande le cas échéant, c'est également le cas de la plupart des industries du copyright pour partie. L'économie de la créativité peut facilement se doubler d'une « économie du gratuit » dans le cas présent dans la mesure où un certain nombre de biens et de services peuvent être présentés au public à travers des expositions sans qu'il y ait paiement de la part des visiteurs.

Ayant mis en avant l'ensemble des industries créatives qui constituent le fondement même de l'économie créative, il convient dans une logique de transposition de ce concept à une échelle locale de distinguer à présent les villes de création et les villes créatives. Grésillon (2015) dans sa contribution à l'ouvrage collectif sur l'économie créative nous apporte quelques éclairages intéressants pour l'occasion. Il définit la ville de création comme celle qui a la capacité d'attirer continuellement dans tous les domaines des arts, des artistes venus de partout (qui ensuite se rencontrent et parfois collaborent). L'autre caractéristique d'une ville de création réside dans son inachèvement urbain impliquant qu'elle soit en perpétuel chantier. Grésillon prend comme exemple la ville de Berlin en ajoutant que cette dernière à l'instar d'autres villes de création est chargée par ailleurs d'une histoire particulière lui conférant une atmosphère que les artistes savent détecter. Un autre élément peut être mentionné pour repérer les villes de création : sa géographie spécifique. Il prend comme exemple la ville de Marseille qui est pour lui une ville de création, ses collines calcaires, sa forte luminosité autant que son mistral sembleraient être des sources d'inspiration pour les artistes ! Pour conclure, il note qu'une ville de création exerce un véritable pouvoir de fascination capable d'attirer les artistes venant d'horizons divers.

Grésillon en se référant explicitement à Landry (2000) définit une ville créative comme une ville qui accueille des clusters culturels, plus précisément des quartiers dédiés à tel ou tel segment des industries culturelles : multimédia, jeu vidéo, cinéma, mode, etc. Selon Landry, l'accumulation du « capital créatif » créera obligatoirement du capital social donc de la richesse économique quels soient les acteurs en présence. Ainsi un architecte aura autant d'importance qu'un artiste de rue car leurs actions contribueront à renforcer l'attractivité de la ville. Aujourd'hui certaines villes de création finissent par devenir des villes créatives, Berlin pourrait en constituer un bel exemple pour l'occasion, l'inverse est vrai également, certaines villes créatives peuvent attirer à la longue des artistes.

Concernant la ville de Loos en Gohelle, il apparaît difficile actuellement de la situer par rapport à cette segmentation particulière, elle ne dispose pas d'une capacité à attirer des artistes en grand nombre même si la présence de Culture Commune a contribué à changer un peu les choses, l'exemple de Guy Alloucherie en constitue un symbole vivant. On ne peut exclure par ailleurs que la ville possède en son sein de nombreux talents peut-être méconnus du reste de la population mais qui existent pourtant. De la même manière, si l'on se réfère à la typologie des industries créatives, Loos en Gohelle n'est pas initialement positionnée dans ce type d'activités. Dès lors la question se pose si l'on choisissait de s'appuyer sur l'économie créative pour développer un nouveau modèle économique à l'échelle de Loos en Gohelle, quelle voie faudrait-il choisir : devenir une ville de création ou devenir une ville créative ?

L'analyse des villes de création montre qu'un certain nombre de facteurs sont nécessaires pour y parvenir, ce sont souvent des grandes villes ayant une histoire par ailleurs, toute une série d'éléments que Loos en Gohelle ne possède pas à l'heure actuelle. A l'inverse le fait de s'orienter à l'avenir vers une ville créative pourrait se révéler plus logique, examinons à présent les conditions qui font qu'un territoire peut devenir créatif.

Section 2) Comment un territoire peut-il devenir créatif ? Des pistes d'actions possibles pour la ville de Loos en Gohelle

Dans un rapport du Conseil d'Analyse Economique consacré à la créativité et l'innovation dans les territoires, Durance et Mousli (2010) énoncent six hypothèses sur les conditions de la créativité et les moyens de les réunir, nous allons examiner chacune de ces hypothèses en les mettant en perspective avec la ville de Loos en Gohelle.

1) La créativité a un lien étroit avec l'art et la culture générale, même lorsque les préoccupations sont techniques et économiques.

« La créativité passe par la culture générale, que les territoires peuvent encourager et aider ». Selon les auteurs, « tous les arts sont les tremplins pour la créativité, de la poésie en passant par la sculpture, la musique et la littérature ». Par ailleurs, pour innover, il faut « réseauter », rencontrer des gens ayant des idées et des projets différents. De prime abord, on peut estimer que de nombreux habitants de Loos en Gohelle possèdent ou posséderaient ces caractéristiques dans un proche avenir.

2) La créativité a un besoin vital de tolérance, de la part de la société civile aussi bien que de celle des institutions. Car la transgression est consubstantielle à la création.

Les auteurs en se référant à Florida (2002) estiment qu'il faut intégrer dans les instruments de mesure de la créativité un « *indice gay* » : en effet « la présence significative d'une communauté LGBT[2] prouve un degré élevé de tolérance dans un territoire, et indique que l'on peut y rencontrer des gens d'une grande diversité, des originaux, et y trouver des lieux de rencontre, de culture, une vie nocturne, des bars, des galeries et des théâtres ». Dans le même temps, on considère qu'il est nécessaire, pour innover, de disposer d'une liberté incompatible avec des règles administratives contraignantes. Dans le cas présent, il apparaît difficile de juger si la ville de Loos en Gohelle est une ville tolérante, on peut réellement le penser, elle dispose en outre d'un certain nombre de lieux de rencontre capables de mettre en relation les créatifs. Concernant les contraintes administratives, on estime aujourd'hui quelques soient les courants politiques dans lesquels on se situe que la France est un pays trop réglementé ce qui pourrait expliquer en partie notre perte de compétitivité pour l'occasion. Dans cette optique, une législation qui favoriserait la créativité reste à savoir sous quelle forme serait souhaitable !

3) La culture, la sociabilité, les occasions de rencontre et l'émulation pèsent plus que les traditions et les mœurs de la population autochtone ainsi que les aménités naturelles, même si ces dernières sont utiles.

L'attrait du lieu (climat, densité de population, facilité de logement, nature agréable et accessible) peut faire l'objet de politiques publiques susceptibles de le renforcer mais suppose quelques éléments préexistants.

En effet, « si les artistes, les architectes, les chercheurs, les romanciers, les poètes, les acteurs et les designers forment avec d'autres créatifs de haut niveau ce que Florida (2002) appelle le cœur de la classe créative *« The Super-Creative Core »,* il est clair qu'ils n'en constituent pas la totalité ». « Grace à la renommée et aux activités médiatisées de quelques-uns, ce sont souvent des quartiers entiers des villes qui vivent au rythme de la culture et de la création, avec « l'installation de galeries, de salles de spectacle, de concert ou l'ouverture de cafés ». Ce sont ces quartiers avec une combinaison de talents et de tolérance et de populations créatives qui constitue en fait le territoire créatif. » Pour Loos en Gohelle, il reste à trouver ce quartier qui pourrait accueillir des lieux d'exposition, des cafés branchés, des salles de concert, peut-être que le

---

2 LGBT : Lesbian, Gay, Bisexual, Transsexual.

réaménagement du site du 11/19 et de sa tour d'extraction pourrait être celui-là ?

4) Pour un territoire, le défi est de réussir à transformer la créativité en innovation génératrice de valeur ajoutée.

Les auteurs considèrent que pour un territoire, le défi est de réussir à faire éclore de l'animation apportée par les créatifs. Le rôle des pouvoirs publics consistera à repérer les meilleurs talents et à les attirer. Dans le cas de Loos en Gohelle, le fait d'être à la pointe de la TRI pourrait être de nature à attirer des jeunes chefs d'entreprise particulièrement dynamiques et innovants dans les domaines de l'énergie et du traitement des déchets.

5) Un territoire peut attirer des talents et en faire éclore s'il est généreux avec les créatifs, accueillant envers les étrangers et tolérant avec les déviants.

Pour favoriser l'éclosion des talents créatifs, « on suggère d'organiser la stimulation, le bouillonnement culturel par tous les moyens : théâtre, cinéma, littérature, arts graphiques, rencontres académiques et commerciales autour d'événements culturels réguliers. Il faut aussi mettre à disposition des ressources attractives et nombreuses : bibliothèques, librairies, musées, galeries, lieux de rencontre et de débats (cafés, salles de réunion, etc). »

Enfin, « pour passer de la créativité à l'innovation, il est nécessaire de faciliter la présence de *business angels* et de gestionnaires pour prendre le relais des créatifs et transformer les idées originales en projets innovants ». Dans le cas de Loos en Gohelle, certains équipements existent naturellement à l'échelle de la commune, mais dans le cas présent, il faut partir du principe que Loos en Gohelle se situe dans un environnement plus vaste comme la CALL qui possède certains équipements sportifs et culturels susceptibles d'attirer ce type de population.

6) Un territoire créatif est un territoire ouvert, absorbant les influences, les techniques et les cultures venues du monde entier.

Bien que les nouvelles technologies se développent souvent dans les mêmes zones géographiques (Amérique du Nord, Europe, Asie) en prenant appui sur une main d'œuvre qualifiée et des centres de recherche performants, on doit souligner que cette main d'œuvre ne se limite pas pour l'occasion à la seule population autochtone mais provient d'autres pays. L'exemple de la Silicon Valley est particulièrement représentatif de cette tendance, on fait appel aux meilleurs chercheurs (européens, indiens et chinois, notamment) qui contribuent grandement au développement de nouveaux prototypes. Ainsi, si l'on veut renforcer la créativité à l'intérieur d'un territoire, on se doit d'y attirer tous les talents venant d'autres pays, d'intégrer les influences et les cultures du monde entier. Si l'on place à l'échelle du territoire de la CALL, en théorie rien ne s'opposerait à la venue de chercheurs d'autres pays, dans le même temps, à l'ère de la communication planétaire, n'importe qu'elle zone dans le monde peut s'imprégner facilement des cultures et autres influences étrangères. L'élément essentiel susceptible d'attirer des chercheurs réside dans l'existence d'un grand projet du territoire mais qui devrait obligatoirement être repérable dans un ensemble plus vaste, cela pourrait paraître totalement utopiste, toutefois la mise en place de la TRI et l'idée de faire de Loos en Gohelle, une ville emblématique à l'échelle internationale de cette problématique pourrait changer les choses au cours des prochaines années.

CHAPITRE 11 :

L'ECONOMIE DU PATRIMOINE

La prise en compte du patrimoine culturel par l'analyse économique est apparue très récemment. Plus généralement, le patrimoine s'inscrit dans un ensemble plus vaste qui relève de l'économie de la culture, cette dernière a vu le jour au milieu des années 1960 avec la publication de l'ouvrage de référence dans ce domaine de Baumol et Bowen (1966). Depuis cette date, de nombreux travaux sont venus compléter cette approche, on peut citer notamment ceux de Throsby et Withers (1979) ; de Benhamou (2002, 2011) et ceux de Mairesse et Rochelandet (2015). Au sein de cet ensemble assez hétéroclite constitué par l'économie de la culture, apparaît au début des années 2000, un certain nombre de contributions portant plus spécifiquement sur l'économie du patrimoine culturel[1], on citera plus particulièrement les travaux précurseurs en France de Greffe (2003) et de Benhamou (2012). Nous avons choisi de nous appuyer sur les travaux de Benhamou pour l'occasion qui constituent une bonne synthèse de toutes les questions qui s'y rapportent. Dans un premier temps, nous essaierons de définir les caractéristiques de l'économie du patrimoine, dans un deuxième temps, nous prendrons en considération le cas du musée GUGGENHEIM de Bilbao comme étant l'illustration de l'effet positif du redéploiement industriel d'une région confrontée initialement à une grave crise de désindustrialisation. Cet exemple nous semble emblématique de ce qui se passe à Lens avec l'implantation du Louvre et éventuellement ce qui pourrait se produire demain avec la création d'un deuxième grand musée sur le site du 11/19. Dans un troisième temps, nous mettrons en lumière les éventuels impacts socio-économiques du classement du Bassin Minier au Patrimoine mondial de l'UNESCO.

1 Il convient pour l'occasion de rajouter à l'économie du patrimoine, l'adjectif culturel car d'autres travaux notamment relevant de l'analyse macroéconomique et de l'économie financière intègrent la notion de patrimoine mais qui se caractérise par l'ensemble des actifs financiers détenu par les ménages.

Section 1) Les caractéristiques de l'économie du Patrimoine

Benhamou (2012) définit « le patrimoine culturel comme un ensemble de biens hétérogènes constitués de biens tangibles et intangibles dont l'origine commune est la référence à l'histoire et à l'art ». Le concept de patrimoine culturel est fluctuant et son périmètre évolue en fonction de ce qu'une société entretient avec son histoire. Le vocable de « patrimoine » qui désignait initialement des monuments, des sites et des œuvres englobe de plus en plus des éléments du patrimoine industriel et écologique. On retrouve pêle-mêle dans le patrimoine : les châteaux, les édifices civils, le patrimoine religieux, le patrimoine industriel, le « petit patrimoine » comme les kiosques et les chapelles, les maisons protégées, les sites archéologiques, les musées, les bibliothèques, les produits de l'art, les archives et le patrimoine scientifique et technique. Le patrimoine inclut également le savoir-faire, les traditions et les langues.

Derrière cet ensemble vaste, on peut mettre en évidence un certain nombre de caractéristiques économiques. Tout d'abord, on peut faire la distinction entre le patrimoine matériel comme les sites archéologiques et les musées et le patrimoine immatériel comme les traditions et les langues. Il nous faut distinguer ensuite le patrimoine culturel dans lequel on retrouve les musées et autres sites construits par l'homme et le patrimoine naturel dans lequel on inclut les paysages et les zones accueillant en leur sein des espèces animales et végétales qu'il convient de protéger, à titre d'exemple, le Sahara et l'Amazonie appartiennent à cette deuxième catégorie.

De la même manière, les éléments du patrimoine se distinguent des autres biens et services marchands à travers plusieurs composantes. La première d'entre elles est le fait que « le patrimoine demeure pour l'essentiel constitué de biens uniques bien que de plus en plus, les administrations en charge de leur protection et de leur réhabilitation classent certains éléments qui sans être rares n'en sont pas moins typiques d'une époque ou d'une catégorie ». Ainsi on peut considérer que les sites miniers et les terrils ne sont pas uniques en tant que tels si on les considère à chaque fois comme des lieux d'extraction et de déversements bien qu'ils puissent posséder une certaine spécificité par ailleurs comme le 11/19. Le fait d'être un bien unique implique que la non-préservation constitue une perte irréversible puisqu'il n'existe pas de biens substituables, en outre on peut parfois assister à la survenance d'un effet pervers qui se matérialise par le fait qu'un élément du patrimoine qui est durable ne fasse pas l'objet d'une préservation en raison de son apparence « solide », l'influence du temps et l'usure de cet élément peut conduire à sa dégradation lente et parfois irréversible, l'exemple du Colisée à Rome est là pour nous le rappeler !

Une deuxième caractéristique permet également de distinguer un élément du patrimoine avec un bien privé, alors que le bien privé est par principe divisible et excluable (les biens alimentaires en sont le meilleur exemple), les biens patrimoniaux sont non divisibles et non excluables pour l'occasion. L'exemple des deux terrils du 11/19 est particulièrement illustratif, je ne peux pas dans le cas présent ne pas voir le premier terril sans voir l'autre, en même temps et le fait de les admirer n'empêche nullement mon voisin d'à côté de jouir du même paysage. Cela est vrai pour un monument ou un site naturel, en revanche d'autres composantes du patrimoine s'apparentent à des biens de clubs. Ainsi le château de Versailles n'est accessible en totalité qu'à travers l'achat d'un ticket d'entrée alors que sa vision extérieure s'apparente à un bien public, dans le même temps, le fait de le visiter en présence d'un grand nombre de visiteurs peut provoquer des phénomènes d'encombrement qui peuvent altérer la satisfaction du consommateur.

Une troisième caractéristique habituellement associée aux biens patrimoniaux implique qu'ils sont porteurs d'externalités positives à la fois publiques et privées. On doit rappeler qu'une externalité positive existe lorsque l'action d'un individu ou d'une personne morale bénéficie à un autre individu sans que l'émetteur ne perçoive une rémunération quelconque. Ainsi le fait d'habiter à côté d'un monument emblématique est susceptible du même coup d'augmenter la valeur marchande des maisons construites à proximité. De la même manière, le fait d'habiter au sein d'un site classé au Patrimoine mondial de l'UNESCO provoque chez les riverains un sentiment de fierté mais difficilement mesurable pour l'occasion[2] ! Pour conclure sur ces externalités positives, on considère que deux autres effets apparaissent également : d'une part, le fait pour un pays d'avoir de nombreux monuments renforce son prestige, son attractivité et par deçà l'augmentation des revenus liés aux activités touristiques, d'autre part, le fait de constituer un legs pour les générations futures, d'où l'importance déjà soulignée de la conservation et de son entretien.

Un quatrième élément les distingue des biens privés celui d'avoir des droits de propriété partagé. Benhamou (2012) en s'appuyant sur les statistiques du Ministère de la Culture en 2010 nous indique qu'en France, 3,7 % des monuments classés et inscrits appartiennent à l'État, 1,9 % à un département ou une région, 43,5 % à une commune, 1,3 % à un établissement public et 49,6 % à un propriétaire privé (il faut noter que pour les seuls bâtiments classés, la part des monuments publics est plus élevée, la part des monuments privés tombe alors à 34,9 %. Confrontés à des propriétaires différents, les biens patrimoniaux

---

2 L'économiste s'efforce de trouver une valeur numérique à un phénomène qualitatif, l'une des solutions consiste à effectuer des sondages au sein de la population en leur posant la question suivante : « éprouvez de la satisfaction à résider au sein d'une zone classée au Patrimoine mondial de l'UNESCO ?

se retrouvent dans une situation un peu inédite au regard des droits de propriétés. Barzel (1997) analyse les caractéristiques des droits de propriété dans le cas spécifique des biens patrimoniaux en considérant que ces biens ne sont pas des entités homogènes et peuvent être décomposés en un ensemble d'attributs. Ainsi, si l'on examine le cas d'un immeuble classé, ce dernier possède une valeur d'usage caractérisée par la taille des appartements, leur état de propreté et leur degré d'ensoleillement pour ne citer que les plus courants. Ces attributs privés sont « consommés » par le propriétaire ou par les locataires ; mais les attributs historiques de l'immeuble sont partagés par l'ensemble de la collectivité et échappent ainsi à l'exercice du droit de propriété. Cette particularité a donné naissance au concept de « façadisme » qui entraine qu'un propriétaire est parfois dans l'obligation de procéder à des ravalements de façade si son immeuble est situé dans une zone touristique alors que rien ne l'oblige à effectuer des travaux à l'intérieur. En quelques sortes, il est propriétaire de l'immeuble en entier mais la partie visible du public ne lui appartient qu'en théorie notamment si celui-ci a fait l'objet d'un classement. Cette contrainte s'applique aujourd'hui à de nombreux bâtiments qui sont situés dans une zone classée au Patrimoine Mondial de l'UNESCO, la tour d'extraction du 11/19 se trouvera confrontée un jour à cette situation si elle fait par ailleurs l'objet d'un réaménagement futur !

La dernière caractéristique d'un bien patrimonial trouve sa source dans ce que l'on nomme encore aujourd'hui la « maladie de Baumol » décrite par Baumol dans son ouvrage de référence datant de 1966. Pour résumer, les gains de productivité sont par essence inégaux entre les secteurs d'activités, on estime qu'il existe au sein d'une société deux types de secteurs : un secteur où la productivité est forte et qui lui permet d'être rentable en absorbant l'augmentation des coûts du travail qui demeurent un élément essentiel du coût total de production. A l'inverse, on trouve un secteur dans lequel l'augmentation de la productivité est faible en raison des caractéristiques particulières de ce secteur, c'est le cas notamment du secteur des industries culturelles et par extension de celui de l'économie du patrimoine. Dans cette optique, on se retrouve confronté dans le cas du secteur des industries culturelles à une explosion des coûts d'exploitation qui entrainent rapidement un déficit et l'obligation pour l'État d'intervenir au secours des établissements de ce secteur. Appliquées au cadre spécifique des biens patrimoniaux, la restauration et la conservation des monuments parce qu'elles doivent faire l'objet d'infinies précautions conduisent à des coûts élevés qui empêchent notamment dans des périodes de crise un certain nombre de restauration pourtant jugées utiles d'être effectuées, sauf à trouver des opérateurs privés qui pourraient ensuite rentabiliser cette opération, nous reviendrons sur ce problème dans la dernière partie.

Section 2) L'impact de la présence d'un musée sur le développement économique : l'exemple du musée Guggenheim de Bilbao

La proximité immédiate de la ville de Loos en Gohelle par rapport au musée du Louvre-Lens d'abord, le fait de posséder ensuite des atouts valorisables à partir du site du 11/19 pour l'aménagement éventuel d'un futur musée nous conduit à nous interroger maintenant sur le réel impact économique de la présence d'un équipement culturel et patrimonial. Certains travaux comme ceux d'O'Connor (2007) et de Nicolas (2007) ont mis en évidence un effet multiplicateur lié à la présence d'un monument historique. En effet, la conservation d'un monument historique requiert des emplois dans le bâtiment et les métiers d'art. Son ouverture attire des visiteurs qui effectuent diverses dépenses dans le monument (billetterie, produits dérivés) et aux alentours (restauration, hôtellerie, etc). L'effet sur l'emploi peut dépasser ces dépenses repérables dans la mesure où l'on peut estimer que la présence d'équipements culturels contribue à l'identité et à l'attractivité d'un territoire mais l'impact total concernant les revenus peut être plus difficile à faire ressortir. La dernière étude d'EURALENS (2015) portant sur l'impact du Louvre-Lens montre également un certain nombre d'effets positifs notamment sur l'activité de restauration. Bien que les études sur l'impact du Louvre-Lens soient intéressantes pour la CALL et la ville de Loos en Gohelle en vue d'investissements futurs dans le secteur culturel, c'est l'exemple de Bilbao sur lequel il convient de s'attarder quelque peu qui sert aujourd'hui encore de référence en termes de réussite provoquée par la présence d'un équipement culturel emblématique sur le redéploiement à la fois économique et urbain. Plaza (2008) s'est par ailleurs beaucoup penchée sur ce cas de figure que l'on pourrait qualifier de manière triviale de « success story ». Lorsque le musée Guggenheim de Bilbao ouvre en 1997, le Pays Basque espagnol souffre d'une forte désindustrialisation liée à fermeture des usines sidérurgiques et des constructions navales, il subit également une forte pollution sur son territoire et doit faire face régulièrement aux attentats des séparatistes basques de l'ETA et pour finir dispose d'un taux de chômage atteignant 25 % de la population active !

En s'appuyant sur le musée, la ville espérait drainer des flux de visiteurs, changer son image et créer un effet de revitalisation et après coup les résultats dépassèrent en fait les prévisions les plus optimistes, 800 000 visiteurs en moyenne à la fin des années 1990 au lieu de 100 000 avant cette date. Entièrement couvert par la Région et la Ville, le coût de construction du musée Guggenheim a été de 200 millions de dollars, et le coût total en fonctionnement et investissement de 374 millions sur dix ans (1997-2007). En contrepartie et à titre d'exemple en 2009, le musée affiche des retombées de 185,6 millions d'euros.

S'il apparaît de manière indéniable qu'il y a eu réellement un effet « Guggenheim », Plaza et Haarich (2009) dans un autre article publié sur ce sujet mettent en avant un certain nombre de conditions nécessaires prévalant à la réussite de l'ouverture d'un musée sur la regénération urbaine. Il convient dans le cas présent de les mettre en évidence et de les avoir à l'esprit en cas d'investissements futurs au sein de la CALL.

— *Localisation et accessibilité du musée ;*

« La première condition de réussite liée à l'implantation d'un musée et plus généralement d'un 'équipement culturel réside dans sa localisation au sein de la ville et plus généralement au sein d'une région ». On estime en effet qu'un certain degré de centralité de l'équipement est indispensable soit en centre-ville soit dans une zone nouvellement aménagée mais avec toute une série d'aménagements urbains destinés à faciliter la vie des riverains (le sentiment de se sentir en sécurité, un accès facile par les voies piétonnes, la possibilité pour les transports en commun de pouvoir se garer à proximité, par exemple). « L'accessibilité demeure l'un des éléments moteurs de la réussite, on estime que le musée doit pouvoir être accessible par une partie importante des visiteurs par tous les moyens possibles de transports entre une heure et trois heures, de là l'importance d'être situé à proximité de l'ensemble des infrastructures de transports ».

— *L'investissement culturel doit être cohérent avec la politique de développement local ;*

« L'investissement dans un équipement culturel s'il demeure une condition nécessaire au redéveloppement régional ne peut en aucun cas être isolé, d'autres investissements destinés tout particulièrement à couvrir les besoins de la population ne doivent pas être négligés faute de quoi la population pourrait ne pas adhérer à la posture prise par la collectivité en vue de la promotion de la culture se traduisant alors par un mécontentement plus ou moins exprimé ». Dans le même temps, l'investissement culturel doit s'accompagner d'investissements tournés vers l'accueil des touristes potentiels (hôtellerie, restauration, etc) mais pas uniquement vers ce secteur, on doit profiter de l'occasion pour effectuer d'autres investissements dans des secteurs en devenir notamment.

— *Avoir des politiques publiques diversifiées ;*

« L'implantation d'un musée n'est pas une condition suffisante à elle seule pour redynamiser une zone d'activité, il faut obligatoirement que les autorités locales envisagent le redéveloppement comme une série d'actions cohérentes envers les secteurs comme les hautes technologies par exemple. De la même manière, la revitalisation des friches urbaines et industrielles » doit être l'occasion le cas échéant d'accroître l'offre d'autres équipements culturels comme des salles de spectacles notamment.

— *Considérer que l'investissement public dans le développement du musée ne peut qu'entrainer des effets multiplicateurs ;*

« L'investissement dans un équipement culturel notamment à travers l'importance du financement public peut parfois être considéré comme une mauvaise utilisation de l'argent des contribuables, dans le cas présent, il s'agit de montrer à la population l'ensemble des effets positifs au niveau des emplois directs et induits en même temps qu'au regard des revenus générés par de tels investissements. »

— *Impliquer réellement les habitants dans la promotion du musée et le développement d'une identité locale forte ;*

« Chercher à impliquer la population locale dans la promotion du musée apparaît être une autre condition nécessaire au succès de ce type d'équipement. On peut mettre en évidence plusieurs types d'indicateurs comme : le nombre des amis du musée, la part représentée par les sponsors locaux dans le mécénat. » De la même manière, les responsables de la programmation des expositions temporaires et annexes doivent laisser une part non négligeable aux artistes locaux et à des institutions locales (l'exemple de l'exposition consacrée au Racing Club de Lens illustre bien cet exemple dans le cas du Louvre-Lens !).

— *Construire un musée disposant d'une architecture remarquable et identifiable à l'échelle internationale ;*

« Le développement de l'activité économique autour d'un musée ne serait pas optimal si le musée dispose d'une architecture banale ou peu originale pour l'occasion. L'architecture du musée doit être un élément essentiel de sa politique marketing et l'on préconise de faire appel à un architecte de renommée internationale voire mondiale à l'instar de Franck Gehry pour le musée Guggenheim. »

— *S'appuyer le cas échéant sur une fondation ou devenir l'annexe d'un musée prestigieux ;*

« Un autre élément susceptible de « booster » l'attractivité d'un nouveau musée réside dans son positionnement par rapport à une fondation existante qui chercherait à promouvoir son image sur un continent, l'exemple de la fondation Guggenheim pour Bilbao l'illustre bien, le nom même de Guggenheim constitue un élément fort de la politique de communication marketing ». De la même manière, le fait de constituer une annexe d'un musée connu mondialement comme le Louvre ou l'Hermitage est sensée produire un peu les mêmes effets.

— *Utiliser efficacement les NTIC pour promouvoir l'équipement ;*

« L'explosion des technologies de l'information et de la communication (NTIC) au cours des 20 dernières années constitue un élément supplémentaire dans la promotion d'un équipement, l'attention portée à la construction du site internet et de son contenu constitue autant d'éléments qui peuvent le faire repérer auprès des internautes à travers le monde. »

— *L'importance de programmer des expositions temporaires susceptibles de faire revenir les visiteurs plusieurs fois sur le site ;*

« Le succès d'un équipement culturel réside aussi dans une certaine forme de fidélisation du public qui une fois venu se doit de revenir plusieurs fois. L'élément essentiel trouve sa source dans l'organisation d'expositions temporaires suffisamment attractives pour l'occasion. Plus un musée apparaît capable d'organiser ce type d'exposition qui font parler d'elles plus on est susceptible d'atteindre une forte fréquentation et de la pérenniser. »

Si l'on peut constater qu'un certain nombre d'éléments prouvent l'intérêt d'investir dans la construction d'un équipement culturel en raison de ces effets multiplicateurs, il n'en demeure pas moins que ce n'est pas le seul élément capable d'attirer des visiteurs, l'inscription d'une zone au Patrimoine mondial de l'UNESCO pourrait se révéler également un autre facteur de développement d'un territoire.

Section 3) L'impact socio-économique du classement d'un site au Patrimoine mondial de l'UNESCO

Un certain nombre de travaux portant sur l'impact socio-économique du classement d'un site au Patrimoine mondial de l'UNESCO ont été publiés depuis une dizaine d'année. Pour l'occasion, nous nous appuierons sur un article de Prud'homme (2008) qui fait une première synthèse de certains travaux réalisés en France et en Turquie pour l'occasion. Deux de ces contributions présentent un intérêt particulier au regard de notre problématique, la première d'entre elle est l'œuvre de Taillandier (2008), dans le cas présent, elle a choisi de s'appuyer sur la France car cette dernière attire beaucoup de touristes d'abord, ensuite parce qu'elle possédait en 2008, 31 sites classés au Patrimoine Mondial et pour finir en raison d'un grand nombre de données spatiales disponibles nécessaires à une étude en profondeur. En utilisant les données disponibles, elle a essayé de mettre en évidence des corrélations entre des variables expliquées comme l'importance de l'activité touristique dans le canton ; l'emploi salarié privé dans la restauration et les activités touristiques ; les emplois « chics » dans l'industrie du luxe par exemple. Au total, une vingtaine de variables expliquées ont été retenues. Dans le même temps, une douzaine de variables explicatives susceptibles d'expliquer les variables retenues ont été choisies, à commencer par l'inscription sur la liste UNESCO mais aussi le fait d'apparaître dans le guide vert Michelin comme étant un site valant le détour. D'autres variables comme la situation d'un site à proximité de la mer ou le fait de bénéficier d'un climat favorable ont été retenu également. Les principales conclusions de son étude montrent que l'impact de l'inscription d'un site au Patrimoine mondial n'apparaît pas la plupart du temps comme étant un élément significatif même s'il peut contribuer ici et là à son développement économique.

Une deuxième étude réalisée par Nicot et Ozdirlik (2008) se porte sur la Turquie, ces deux auteurs comparent d'abord deux sites archéologiques : Troie (inscrite sur la liste) et Pergame (absente de la liste), ils comparent ensuite deux sites de villes ottomanes : Safranbolu (inscrite sur la liste) et Beypazari (absent de la liste). Pour réaliser leurs études, ces deux chercheurs se sont rendus sur place pour interroger les acteurs et essayer de comprendre les ressorts du développement économique local, afin d'apprécier le rôle éventuellement joué dans ce processus par l'inscription sur la liste. Leur conclusion est pour le moins surprenante, ainsi dans le cas des deux villes ottomanes comparables dans de nombreux domaines, l'analyse montre que l'inscription au Patrimoine mondial n'a pas été un facteur de développement local, tout au plus il a contribué à préserver les richesses de la ville classée, à la faire connaître et à développer son tourisme. Mais dans le même temps, le développement du tourisme a été tout aussi important dans la ville n'ayant pas fait l'objet d'un classement, ces auteurs vont plus loin en considérant que l'absence d'inscription a obligé les autorités locales à imaginer d'autres formes de développement en même temps que les contraintes d'aménagement du territoire y ont été moindres. Concernant les deux sites historiques, on ne note pas une différence significative entre eux, le fait d'être inscrit au Patrimoine mondial permet une préservation du lieu plus marquée mais le tourisme qui existait avant l'inscription sur la liste ne semble pas évoluer de manière significative même si le fait d'être inscrit est utilisée dans sa politique de promotion.

D'autres études semblent montrer pour l'instant que l'inscription d'un site au Patrimoine mondial ne semble pas avoir d'effets significativement observables mais dans le même temps, elle ne constitue pas au demeurant un facteur négatif, tout au plus elle peut être de nature à maintenir une activité touristique qui existait déjà par ailleurs.

Ayant examiné l'économie du patrimoine comme étant un élément susceptible de favoriser un nouveau mode de développement axé un peu plus sur des aspects immatériels, il convient à présent d'examiner une dernière branche de la science économique qui commence à se développer et qui ne manquera pas en raison de l'évolution démographique locale et nationale de susciter de nombreux travaux à l'avenir : la Silver Economy.

CHAPITRE 12 :

LA SILVER ECONOMY

La triple conjonction de l'augmentation moyenne de la durée de vie dans nos pays développés tout d'abord, l'arrivée massive à la retraite de la première vague du « Baby-boom » ensuite et pour finir le vieillissement constaté de la population a fait naître un nouveau concept dans l'analyse économique : la Silver économie ou l'économie des séniors. Cette dernière peut se définir comme l'ensemble des activités économiques liées aux personnes âgées, d'un point de vue marketing, elle se reflète à travers toute une série de besoins que la société devra satisfaire au cours des prochaines décennies. Certains travaux récents font ressortir l'intérêt de développer une telle filière tant d'un point de vue économique que social, on peut citer en premier lieu le rapport de Bernard, Hallal et Nicolaï (2013) et les contributions respectives de Guérin (2011 ; 2015) et d'Aribaud et Treguer (2016).

Dans un premier temps, nous mettrons en évidence certaines caractéristiques de la Silver Economy en nous attardant plus précisément sur certaines statistiques concernant les comportements économiques des séniors. Dans un deuxième temps, nous examinerons plus en détail les forces et les faiblesses de cette nouvelle filière en examinant les possibilités qu'elle puisse se développer à l'échelle locale.

Section 1) Les caractéristiques de la Silver Economy et du comportement des séniors

Quelques chiffres nous montrent si besoin était l'ampleur du poids démographique et économique que prendront les séniors dans les 50 prochaines années. En 2016, Aribaud et Treguer en s'appuyant sur les chiffres fournis par l'INSEE estiment que les plus de 50 ans représenteraient 38 % de la population française soit 25,3 millions de personnes et les plus de 60 ans, 25 % soit 16,5 millions d'individus. Les projections effectuées par cet organisme nous indiquent qu'en 2060, plus d'un français sur deux aura plus de 50 ans et plus d'un français sur 3 aura plus de 60 ans !

D'un point de vue économique, certaines données sont intéressantes à souligner, Aribaud et Treguer toujours en citant l'INSEE, nous montrent qu'en 2013, 72 % des retraités étaient des propriétaires occupants ; 55 % du patrimoine financier (actions, obligations) des Français étaient détenus par les plus de 60 ans ; 70 % des redevables de l'ISF avaient plus de 60 ans et cette même catégorie n'avaient pas ou peu de découvert bancaire par ailleurs. Pour terminer, le CREDOC estime aujourd'hui que plus d'un consommateur sur deux se révèle être un sénior (54 % plus précisément !).

Face à ce contexte, un certain nombre de menaces et d'opportunités apparaissent à la fois au niveau macroéconomique que microéconomique.

Au niveau macroéconomique, tout d'abord, deux problèmes majeurs se posent : le financement des retraites et le maintien ou pas du système par répartition ; la prise en charge de la dépendance et de son coût pour la collectivité nationale.

En effet, la proportion de plus en plus forte des retraités par rapport aux actifs laisse entrevoir à l'avenir de gros problèmes de pérennisation du système de retraite par répartition qui repose sur une solidarité intergénérationnelle où les actifs financent en quelques sortes les retraites des inactifs. A l'avenir, bien que l'on commence déjà à en ressentir les effets négatifs, une hausse des cotisations, une diminution du montant versé des retraites et un allongement de la durée du travail s'avèrent inéluctable. Un autre élément négatif lié au vieillissement de la population se matérialise à travers l'augmentation des pathologies liées à la dégénérescence du cerveau entrainant une perte partielle mais le plus souvent totale de l'autonomie. Cette recrudescence des pathologies outre le fait qu'elle oblige la collectivité à multiplier les structures d'accueil en grand nombre, entraine dans le même temps des dépenses importantes de prise en charge que cette seule collectivité nationale ne peut supporter à elle seule ! L'idée d'introduire une cinquième composante dans le financement de la protection sociale revient périodiquement dans les débats politiques.

Si les problèmes liés au vieillissement de la population ne sont pas à négliger, il faut se garder d'un comportement malthusien en l'occurrence car le poids important des séniors dans la population totale peut se révéler être à l'avenir un élément important pour doper la croissance économique et la création d'emploi. Ainsi la DARES estime que 300 000 emplois en lien avec la Silver économie pourraient être créés d'ici 2020 et que les activités liées à cette filière pourraient engendrer 0,25 % de croissance supplémentaire par an, ce qui en période de croissance « molle » comme on a coutume de le souligner depuis de nombreuses années n'est pas négligeable ! En outre, le poids important du patrimoine des séniors pourrait à certaines conditions se transformer en liquidité supplémentaire engendrant une hausse de leur pouvoir d'achat à travers l'amplification du recours au viager par exemple !

Au niveau microéconomique, le vieillissement de la population fera naître de nouveaux besoins à satisfaire, si l'on regarde cela d'un point de vue négatif, on peut craindre qu'un certain nombre de ces besoins puissent ne pas être satisfaits soit à cause d'une insuffisance du pouvoir d'achat en lien avec un montant plus faible des retraites émanant de la population née à la fin du Baby-Boom et qui à l'inverse de celle née au début de cette période aura connu des périodes de chômage impactant sur le montant versé des retraites. On peut estimer également que certains biens spécifiques en matière d'équipements liés à la dépendance en raison de leur trop grande spécificité et de leurs positionnements sur des niches stratégiques puissent ne pas être fabriqués en quantité suffisante par les entreprises qui ne trouvaient pas pour l'occasion d'opportunités assez fortes de développement !

Cependant, si l'on voit les choses d'un point de vue positif, alors on peut estimer que de nombreux secteurs au cours des prochaines décennies verront leur croissance augmenter fortement en raison de ces nouvelles demandes. En effet, si l'on examine les comportements de consommation des séniors, on peut faire ressortir plusieurs éléments intéressants, comme nous l'avons mentionné par ailleurs, 54 % des consommateurs appartiennent à la catégorie des séniors et certains secteurs d'activités comme l'automobile, le tourisme, les cures thermales, la santé et l'alimentation ont un chiffre d'affaires largement influencé par la consommation des séniors. On estime par ailleurs que la tranche située entre 55 et 65 ans demeure celle qui fréquente le plus les hypermarchés. Tréguer (2007) explique ce poids important dans la consommation globale par la conjonction de trois facteurs :

— *L'effet d'âge*

« On estime que l'âge d'une personne influe sur ses besoins : son état de santé interdit l'accès à certains types de produits et de services et en favorise certains autres ». Ainsi il est fréquent de devenir presbyte et devoir porter des lunettes progressives dès l'âge de 45 ans. De la même manière, un certain nombre de pathologies rhumatismales apparaissent dès l'âge de 60 ans !

— *L'effet de génération*

« Le fait d'appartenir à une génération implique d'avoir une histoire et des habitudes de consommation acquises pendant l'enfance et à l'âge adulte, c'est le cas notamment de la génération issue du « baby-boom » dont la vie entière aura été marquée par une forte propension à consommer. »

— *L'effet d'actualité*

« Ce dernier effet est lié à l'impact de l'environnement actuel sur les habitudes des séniors. Si la modernité correspond à leurs attentes alors on peut voir une convergence de leurs comportements avec ceux des générations plus jeunes, c'est le cas de la possession et de l'utilisation d'Internet. » Toutefois, il existe une divergence importante avec les autres classes d'âge de la population dans la mesure où les séniors apparaissent plus exigeants au niveau de la qualité des produits. Pour finir, le fait que certains d'entre eux aient pu connaître par ailleurs les périodes de restriction après la guerre (c'est vrai pour les personnes nées entre 1916 et 1940) les conduisent à avoir des comportements plus économes et sans doute plus respectueux de l'environnement notamment.

La prise en compte de ces trois éléments explique en grande partie le comportement de consommation des séniors, toutefois on estime qu'il existe une marge de progression importante par rapport au développement de certains marchés spécifiques à cette catégorie de population, Aribaud et Tréguer (2016) s'appuient sur une enquête mondiale menée par l'entreprises NIELSEN en 2013 pour montrer que :

— « 45 % des séniors ne trouvent pas d'aliments qui répondent à des régimes alimentaires particuliers, qui offrent des petites portions individuelles (44 %) ou disposent d'informations nutritionnelles clairement étiquetées (43 %) » ;
— « les consommateurs interrogés éprouvent des difficultés dans le recherche de services tels que le logement (46 %), les transports (44 %), la finance (44 %), l'assurance médicale (39 %) et la livraison de repas (36 %) » ;
— « 51 % affirment ne pas voir de publicité qui s'adresse aux consommateurs plus âgés, et disent qu'il est difficile de trouver des étiquettes faciles à lire » ;
— « 43 % des répondants ont du mal à trouver des emballages faciles à ouvrir. »

A la lecture de ce que l'on pourrait nommer des « manquements » aux besoins des séniors, on peut s'apercevoir que les entreprises qui choisissent de s'attaquer à ce type de marchés doivent encore s'adapter, plus généralement un certain nombre d'autres secteurs devraient voir leur taux de croissance augmenter considérablement au cours des prochaines décennies. Ainsi les secteurs de la pharmacie, de la domotique, de l'orthopédie (prothèses et autres équipements), du tourisme et de l'agro-alimentaire devraient voir apparaître de nouvelles opportunités liées au poids de plus en plus importants pris par les séniors dans la population totale. Ces besoins nouveaux, si la France anticipe correctement cette demande potentielle pourraient au même titre que l'économie verte générer de nombreux emplois de nature à diminuer sensiblement le chômage. Dans le même temps, une nécessaire adaptation des formations en lien avec les nouveaux besoins des séniors apparaît indispensable par ailleurs. Pour finir, on ne peut faire abstraction en mentionnant les caractéristiques de la Silver Economy d'évoquer brièvement l'engagement des séniors au sein du secteur associatif. Guérin (2011) a mis en évidence l'importance de l'engagement associatif pour les séniors, celui-ci leur permet en quelques sortes de redonner du sens à leurs existences, d'avoir pour l'occasion une véritable « utilité sociale » en partageant leurs expériences. Pour sa part, l'INSEE (2016) dans sa revue du mois de janvier 2016 met en évidence un certain nombre d'éléments relatifs à l'investissement des séniors dans le secteur associatif :

— « les séniors s'investissent davantage dans les associations culturelles et sportives (19 % des 65 ans en 2013 contre 6 % en 1983) » ;
— « les séniors délaissent les associations tournées vers la convivialité, type Clubs du troisième âge (27 % en 2013 contre 38 % en 1983) » ;
— « ils s'investissent dans plusieurs associations à la fois : 25 % des 65 ans et plus sont membres d'au moins deux associations. »

Le poids important des séniors et l'apparition de nouveaux besoins nous conduit à examiner à présent les forces et les faiblesses de la filière « Silver Economy » en France en même temps que d'imaginer les domaines susceptibles de faire l'objet d'une application à l'échelle d'une ville comme Loos en Gohelle ou de la CALL.

Section 2) Les forces et les faiblesses de la filière « Silver Economy » et les déclinaisons potentielles à l'échelle locale :

La volonté du gouvernement de Jean-Marc Ayrault et plus particulièrement celle d'Arnaud Montebourg et de Michèle Delaunay, Ministre déléguée aux Personnes âgées de promouvoir la Silver Economy s'est traduite par la mise en place de groupes de travaux qui a fini par aboutir à la signature le 12 Décembre 2013 d'un contrat de filière Silver économie[1].

Ce contrat de filière se matérialise à travers six axes :

— « créer les conditions d'émergence d'un grand marché de la Silver économie » ;

— « favoriser le développement d'une offre compétitive » ;

— « exporter les produits et les technologies de la Silver économie » ;

— « professionnaliser les acteurs de la Silver économie » ;

— « communiquer positivement sur les âges et le « bien vieillir » auprès du grand public et des distributeurs » ;

— « créer des innovations dans le champ de la Silver économie ».

Derrière ces différents axes, on retrouve des éléments susceptibles d'être reliées avec d'autres champs déjà étudiés comme l'économie créative et

[1] On trouvera une version numérique du Contrat de filière Silver économie à l'adresse suivante : http://bit.ly/21z6bYH

l'économie de la connaissance et du savoir. Le développement potentiel de la filière nous conduit au préalable à examiner ses forces et ses faiblesses, les travaux préalables à l'élaboration du contrat de filière se sont appuyés sur l'analyse SWOT pour faire ressortir les atouts et faiblesses de la Silver économie en France, tel est l'objet du tableau 14[2].

Tableau 14 : Analyse SWOT de la filière Silver Economie

Forces	**Faiblesses**
- Présence dans la filière de PME innovantes et de grands groupes d'envergure internationale ; - Capacité d'innovation et compétences dans des domaines émergents (textiles techniques, logiciel, robotique, agroalimentaire, résidence de services...) ; - Bonne représentativité des acteurs sur le territoire français ; - Engagement de grands acteurs, comme le CEA Tech, pour structurer la filière.	- Taille des acteurs : principalement des PME et des micro-entreprises ; - Manque de structuration de la filière et de coopérations entre acteurs ; - Absence de labels et de normes pour les produits, les technologies et les services de la Silver économie ; - Manque de visibilité de l'offre et des acteurs de la filière, en particulier d'une offre intégrée, - Multiplicité des acteurs (publics/privés/nationaux/locaux)
Menaces	**Opportunités**
- Image négative du vieillissement en France ; - Retard de la France dans la prise en charge du vieillissement de la population et de ses	- Apparition d'une nouvelle génération de séniors issus du baby-boom en France et vieillissement généralisé de la population dans le monde ; - Taille du marché en France et à l'international ; - Existence de nombreux marchés

2 Le lecteur pourra retrouver ce tableau en page 87 et 88 de l'ouvrage consacré à la Silver Economy d'Aribaud et Treguer déjà cité dans le corps du texte.

conséquences ; - Difficultés d'accès au marché grand public pour les entreprises, liées à l'image dépréciative de la vieillesse en France ; - Faible solvabilité d'une partie des séniors ; - Limites d'intervention des acteurs publics et complexité des circuits de financement de la dépendance.	porteurs (bien-être, communication, finances, transports, loisirs, prévention de la perte d'autonomie...) ; - Volonté politique (nationale et régionale) forte de soutien à la filière ; - Multiplication des initiatives locales et territoriales autour de la Silver économie (création de clusters, expérimentations, salons, forums...) ; - Un écosystème national, régional et local en cours de constitution favorable à l'innovation et à la consolidation de la filière de la Silver économie ; - Présence de la Silver économie parmi les sept ambitions de la Commission présidée par Anne Lauvergeon[3].

L'analyse SWOT nous montre que les forces et les faiblesses semblent s'équilibrer à l'heure actuelle pour la filière Silver économie alors que les opportunités l'emportent sur les menaces pour l'occasion. Dans cette perspective, nous pouvons mettre en évidence un certain nombre de domaines qui pourraient faire l'objet d'une application à un niveau local comme la ville de Loos en Gohelle. Le contrat de filière du 12 Décembre 2013 liste onze domaines qui se subdivisent à leur tour en une multitude de sous-domaines, il nous semble utile de les examiner successivement :

— l'habitat : la domotique, l'urbanisme, l'architecture, l'hébergement collectif, le logement adapté, l'efficience énergétique...

Si l'on examine l'habitat comme étant la première composante de la Silver Economy, on peut considérer que Loos en Gohelle dispose d'un certain nombre d'atouts pour l'occasion. D'abord le développement de l'initiative Villavenir prend en déjà considération un certain nombre de ces items même si ces

[3] Le 18 Avril 2013, le Président de la République a mis en place la Commission Innovation 2030, présidée par Anne Lauvergeon, cette Commission s'est appropriée les principaux enjeux du monde en 2030 et a identifié un nombre limité d'opportunités majeures au potentiel particulièrement fort pour l'économie française. Le 11 Octobre 2013, la Commission a rendu ses travaux dans lesquels figurent 7 ambitions dont la Silver économie et l'innovation au service de la longévité.

derniers sont plutôt orientés vers l'aspect environnemental, on peut facilement imaginer que l'on étende les initiatives existantes vers les besoins des séniors. De plus la ville dispose déjà d'hébergements collectifs en direction des personnes âgées. Pour finir, le positionnement majeur de la ville au regard de la TRI et les efforts déjà accomplis en matière de rénovations des bâtiments la place en position dominante face à l'efficience énergétique.

— *la communication : la téléphonie mobile, les tablettes tactiles, l'accès internet et les réseaux sociaux...*

Dans le domaine des technologies de communication, la ville durant les prochaines années achèvera l'équipement de ses quartiers en ADSL, un certain nombre d'initiatives qui existent déjà en matière de sensibilisation des séniors à l'utilisation d'Internet pourront continuer de se développer.

— *le transport : les transports collectifs mieux adaptés, solution à trouver au dernier kilomètre...*

L'augmentation des dessertes des transports publics sur la commune ne dépend pas directement d'elle mais se décide à l'échelle de l'agglomération, toutefois il faut noter qu'il existe déjà un service assuré par la commune en direction des personnes âgées pour leur faciliter leurs déplacements.

— *l'E-autonomie : téléassistance active/passive/évoluée, bouquets de services...*

En lien avec le développement des maisons « intelligentes », on peut penser que ces nouveaux marchés puissent se développer plus facilement à l'échelle de la commune.

— *la sécurité : télévigilance et téléassistance...*

On peut à nouveau faire la même remarque par rapport à des items déjà précités, le développement de ces techniques pourrait être favorisé en lien avec d'autres services affectés à l'habitat.

— *la santé : l'e santé, la nutriti*on, *la télémédecine...*

Le fait pour la ville de bénéficier d'une bonne couverture médicale (présence de médecins et professions paramédicales) devrait favoriser le développement de ces services dans un horizon relativement proche. De la même manière, les actions déjà initiées dans la promotion de l'agriculture de proximité en même temps que le développement de la filière bio constituent indéniablement des atouts face à ces problématiques.

— *les services : le service à la personne, le portage de repas...*

À l'instar de nombreuses villes, ces services existent déjà à Loos en Gohelle, la prise en compte de nouveaux besoins émanant des séniors ne devrait pas poser de problèmes pour l'occasion.

— *la distribution : l'adaptation du parcours du consommateur...*

De la même manière qu'il existe déjà dans certaines communes des épiceries solidaires, on pourrait imaginer que Loos en Gohelle favorise l'installation d'un magasin dédié plus spécifiquement aux besoins des séniors.

— *les loisirs : les jeux, le fitness, la stimulation sensorielle...*

La richesse de la vie associative devrait favoriser de nouvelles activités de loisirs adaptées au vieillissement de la population locale.

— *le Travail : la formation et le soutien des aidants familiaux...*

Le vieillissement de la population s'accompagnera par ailleurs d'un souhait de plus en plus exprimé par les séniors de continuer à habiter chez eux plutôt que d'aller dans des établissements d'hébergements spécialisés. Cette volonté de rester chez soi s'accompagnera par ailleurs d'un développement important des aides à domicile qui devront sans doute accomplir à l'avenir des tâches de plus en plus sophistiquées. On pourrait imaginer que la ville de Loos en Gohelle se positionne par rapport à la formation de ces personnes et prenne un certain nombre d'initiatives dans ce domaine.

— *le tourisme* : *le tourisme des seniors...*

La présence sur le territoire de la commune d'un nombre de plus en plus importants de séniors disposant de moyens importants pourrait conduire la ville de Loos en Gohelle à favoriser l'implantation d'une agence de voyage qui sans être exclusivement dédiée à la satisfaction des besoins des séniors pourrait toutefois développer ce genre de service.

La ville de Loos en Gohelle apparaît déjà en partie bien positionnée pour répondre aux besoins de la Silver économie dans un proche avenir, certains grands projets pourraient se développer en liaison avec cette thématique en lien éventuellement avec d'autres champs de l'analyse économique évoqués dans cette partie. Il convient à présent d'expliciter un peu plus la nature de certains projets qui pourraient ainsi voir le jour d'ici une dizaine d'années, tel est l'objet du chapitre suivant.

CHAPITRE 13 :

LES PISTES DE VALORISATION POSSIBLES DU SITE DU 11/19 A COURT, MOYEN ET LONG TERME

Après avoir mis en évidence les forces et les faiblesses du site et pour finir après avoir fait ressortir les différents champs nouveaux de l'analyse économique, il convient à présent d'imaginer un certain nombre de pistes de valorisation possible du site du 11/19 à court, moyen et long terme.

Concernant l'horizon temporel, nous entendons le court terme comme un délai d'un à trois ans à partir de l'été 2016, le moyen terme entre 3 et 10 ans et pour le long terme, une durée supérieure à 10 ans.

Pour établir nos propositions, nous nous sommes appuyés sur deux documents publiés par Euralens (2014 et 2015) : le premier qui s'intitule *Quelle dimension métropolitaine pour la Base 11/19* paru en 2014 et le second qui s'intitule *Forum Euralens « Economie et Formation », les propositions pour la population, pour les entreprises, pour un territoire de la Troisième Révolution Industrielle* paru en 2015.

À travers la lecture de ces deux documents et en nous référant aux précédents chapitres, nous proposons 10 pistes possibles de valorisation du site que nous avons choisi d'intituler projet tout simplement.

Dans le même temps, certains projets seront tournés fortement vers le domaine environnemental même si la présence continue de Culture Commune comme étant un lieu symbolique du 11/19 n'est aucunement remis en cause dans chacun des projets. A l'inverse, d'autres projets feront la part belle à d'autres secteurs économiques.

Pour terminer, certains projets ne seront réalisables qu'à travers la conclusion d'un contrat de partenariat avec un ou deux opérateurs privés alors que d'autres projets ne nécessiteront pas forcément ce type de recours.

Afin d'en faciliter la lecture, nous avons décidé de les présenter sous la forme de tableaux à l'intérieur desquels nous avons décidé de faire ressortir quatre items, respectivement :

— le numéro et le titre du projet[1] ;
— le descriptif du projet ;
— les avantages du projet ;
— les limites du projet.

Numéro et titre du projet	**Projet numéro 1 : S'appuyer sur l'existant et le mettre en valeur à travers des techniques de marketing territorial en même temps que la mise en place d'un Conseil de Gouvernance du site 11/19**
Descriptif du projet	- A partir des aménagements qui existent déjà sur le site du 11/19 (CDEE, CERDD, Culture Commune, etc) continuer les aménagements déjà prévus : extension de Culture Commune et redéploiement du théâtre de l'éco-construction dans la salle des machines, création d'une brasserie et construction d'un bâtiment destiné au tertiaire par Eiffage ; - Aménager la maison du Directeur entièrement dédiée à la présentation de la problématique de la TRI, cette maison constituant la vitrine et l'outil principal de communication des actions déjà effectuées sur le site ; - Aménager l'ancien local électrique en lieu d'accueil du site ; - Créer un Conseil de Gouvernance du site 11/19 pourquoi pas sous une forme fédérative avec la présence des principaux élus de la CALL, ce conseil aurait comme mission essentielle de mieux coordonner les actions entreprises sur le site et serait chargé dans le même temps d'élaborer une stratégie de communication et de promotion.
Avantages	- La plupart des préconisations se réaliseront dans un futur proche ; - Les aménagements prévus n'entrainent pas la mobilisation de fonds importants type « grands investissements » ;

[1] L'auteur souligne que les projets ne sont pas classés par ordre de préférence, chacun présente un intérêt, le choix dépendra des objectifs des autorités chargées de les promouvoir

	- Aménagements semblant recueillir un assentiment de la CALL ; - Possibilité de s'appuyer sur des techniques de marketing territorial largement éprouvées ; - Affirmation du positionnement du site par rapport à la TRI.
Inconvénients	- Absence de projets concernant le réaménagement de la tour d'extraction ; - Projet qui peut paraître pas assez ambitieux pour faire du site un lieu emblématique.

Numéro et titre du projet	**Projet numéro 2 : Reprendre le projet numéro 1 mais mettre en valeur le patrimoine naturel du site du 11/19 à travers la création d'un jardin botanique et d'un parcours de découverte de la flore du site en même temps qu'amplifier le caractère monumental du site notamment par une illumination nocturne de la tour d'extraction et des terrils.**
Descriptif du projet	- On reprend intégralement le projet numéro 1 mais l'on essaye de valoriser le patrimoine naturel en nous appuyant pour l'occasion sur la Jardinerie « Les jardins du Louvre » ; - Création d'un jardin botanique en lien étroit avec la Jardinerie, possibilité de créer un musée dédié aux espaces rares de végétaux ; - Aménagement du site du 11/19 en parcours de découverte de la flore et de la faune, éventuellement possibilité d'éclatement du jardin botanique y compris jusqu'aux terrils ; - Illumination de la tour d'extraction dès la tombée de la nuit et des deux terrils ; - Redéfinir le packaging de la tour d'extraction en prenant en compte les contraintes du classement au Patrimoine mondial (revêtement de la tour en aluminium).

Avantages	- Mise en valeur de la Jardinerie qui pourrait de fait se différencier des autres jardineries existantes ; - Possibilité d'attirer des touristes susceptibles de visiter un site naturel qui aurait été mis en valeur ; - Elément supplémentaire d'attractivité territoriale.
Inconvénients	- Volonté de la Jardinerie du Louvre de s'engager dans un tel projet ? ; - Sécurisation du site visant à empêcher les dégradations floristiques ; - Coûts en énergie de l'illumination des terrils et de la tour d'extraction ; - Coûts d'une modification du revêtement de la tour d'extraction et opposition potentielle de l'UNESCO.

Numéro et titre du projet	**Projet numéro 3 : Reprise du projet numéro 2 mais création d'un cluster ou pôle de compétitivité sur le site du 11/19 qui s'intitulerait « Technologies en lien avec la TRI »**
Descriptif du projet	- On reprend l'ensemble du projet numéro 2 mais en faisant du site 11/19 le pôle central d'un nouveau cluster ou pôle de compétitivité qui s'intitulerait « Technologies en lien avec la TRI » qui engloberait déjà le cluster existant TEAM 2 ; - Promotion de la pépinière d'entreprises en facilitant l'accueil de PME très performantes et innovantes ; - Possibilité d'aménager la tour d'extraction en lieu d'accueil de PME orientées dans ce domaine.
Avantages	- Rendre plus visible à l'échelle nationale et internationale les efforts déjà entrepris sur le site 11/19 ; - Labelliser officiellement le site du 11/19 comme étant le site emblématique de la TRI ;

	- Permettre une articulation plus importante entre les acteurs en présence.
Inconvénients	- Multitude de pôle de compétitivité qui existe déjà ; - Développement d'action de lobbying aux résultats incertains ; - Coûts d'aménagements prohibitifs de la tour d'extraction en l'absence d'un opérateur privé de grande taille.

Numéro et titre du projet	**Projet numéro 4 : Reprise du projet numéro 3 mais utilisation de la tour d'extraction pour accueillir une école d'ingénieur dédiée à la TRI, accueil de l'ensemble des formations universitaires régionales orientées vers l'environnement**
Descriptif du projet	- On reprend le projet numéro 3 mais au lieu d'utiliser la tour d'extraction pour accueillir des entreprises, on la transforme en lieu d'accueil pour une école d'ingénieur dédiée à la TRI, la tour pouvant également servir de lieu d'accueil à des formations universitaires orientées vers l'environnement et le développement durable.
Avantages	- Possibilité de renforcer les synergies entre le CDEE, les entreprises déjà existantes, le CERDD et le milieu universitaire en constituant le « cœur du cluster » TRI ; - Possibilité de développer une recherche de qualité dans le domaine de la TRI ; - Possibilité éventuelle d'intéresser un grand opérateur.
Inconvénients	- Difficulté de trouver une école d'ingénieur souhaitant décentraliser une partie de ces activités sur le site du 11/19, éventuellement accord possible avec l'école des Mines de Douai ? ; - Réticence de certains enseignants à vouloir enseigner sur le site du 11/19 et à s'éloigner ainsi d'autres sources d'information ;

	- Obligation d'aménager des résidences étudiantes, réticences possibles de ces mêmes étudiants à vouloir poursuivre leurs études sur Loos en Gohelle ; - Aménagement à l'échelle de la CALL de lieux de distraction ; - Coûts prohibitifs de l'aménagement de la tour en l'absence d'un grand opérateur.

Numéro et titre du projet	**Projet numéro 5 : On prend appui sur le projet numéro 3 mais on utilise la tour d'extraction en l'aménageant en lieu d'habitation dédiée entièrement à la domotique et aux technologies en lien avec la TRI.**
Descriptif du projet	- On reprend l'idée de créer un cluster TRI mais on utilise la tour d'extraction comme étant une sorte de démonstrateur universel en matière de domotique et d'utilisation des technologies en lien avec la TRI en y construisant des appartements témoins.
Avantages	- Permet de montrer concrètement les multiples applications possibles d'une maison intelligente qui aurait intégrer toutes les technologies de la TRI, chaque occupant s'engageant à accepter d'adapter au fur et à mesure les nouvelles technologies dans son logement ; - Possibilité de créer du lien et de la créativité au sein de l'immeuble et sur le site qui devient un site encore plus vivant.
Inconvénients	- Obligation de trouver un promoteur intéressé par cette initiative ; - Opération intéressante sur le long terme, les technologies se doivent d'être encore développées par ailleurs.

Numéro et titre du projet	**Projet numéro 6 : On prend appui sur le projet numéro 3 mais on utilise la tour d'extraction comme un outil de promotion de la filière Silver Economy**
Descriptif du projet	- On continue de s'appuyer sur le cluster TRI mais on choisit d'utiliser la tour d'extraction pour promouvoir l'ensemble des composantes de la Silver Economy, à chaque étage, une composante serait ainsi mise en valeur, par exemple un étage pourrait être consacrée à l'art de mieux manger pour mieux vieillir. Un autre étage pourrait être transformé en lieu de rencontre pour échanger entre les générations.
Avantages	- Le site pourrait s'enorgueillir d'avoir en son sein deux filières d'avenir avec un fort potentiel de développement ; - Le développement de la Silver Economy pourrait être un facteur favorable à la création d'emploi ; - On pourrait utiliser cette double compétence sur le site pour renforcer encore son image positive ;
Inconvénients	- Obligation de trouver des investisseurs acceptant de jouer le jeu du site 11/19 comme un élément emblématique de la Silver Economy ; - Problème éventuel de lisibilité avec deux filières présentes au même endroit ; - Existence d'un cluster régional dans le domaine de la Silver Economy, rivalité potentielle avec d'autres zones d'accueil du Bassin Minier.

Numéro et titre du projet	**Projet numéro 7 : On reprend le projet numéro 6 mais on utilise la tour d'extraction en y installant un EHPAD pour moitié et l'on utilise l'autre moitié pour la promotion de la Silver Economy.**
Descriptif du projet	- On reprend le projet numéro 6 mais on utilise la tour d'extraction pour y installer pour

	moitié un EHPAD et pour l'autre moitié des étages lié à la promotion de la Silver Economy ; - On profite de l'arrivée du nouvel hôpital à proximité immédiate du 11/19 pour initier un certain nombre de synergie avec l'EHPAD. Une autre solution consisterait à installer les activités liées à la Gériatrie au sein de la tour en développant les synergies en lien avec la Silver Economy.
Avantages	- On garde l'idée de la promotion des deux filières au sein d'un même site mais on renforce du même coup les synergies avec le nouvel équipement hospitalier qui sera installée de fait sur le territoire de Loos en Gohelle ; - Création d'emploi supplémentaire liée à la dépendance sur le territoire de l'agglomération.
Inconvénients	- Investissements déjà très lourd concernant l'hôpital ; - Problème éventuelle de lisibilité de la stratégie du site ; - Quel opérateur pour l'aménagement de la tour d'extraction ?

Numéro et titre du projet	**Projet numéro 8 : On prend appui sur le projet numéro 3 mais on utilise la tour d'extraction comme un lieu d'accueil dédié à la créativité et à l'art et à la culture.**
Descriptif du projet	- On garde l'idée de maintenir le cluster TRI mais on utilise les différents étages de la tour qui aura été réaménagée en un lieu d'accueil dédiée entièrement à la créativité à l'art et à la culture ; - On peut imaginer que le Louvre choisisse d'utiliser un ou deux étages pour exposer les toiles et sculptures contemporaines, constituant ainsi un complément à la visite du musée principal ; - On peut imaginer également que le Racing

	Club de Lens choisisse d'investir dans la création d'un musée dédié au club avec la possibilité d'utiliser les archives numériques pour revoir d'anciens matchs ; - On peut imaginer un étage consacré à un musée de la mine ou plus spécifiquement à la création d'un écomusée retraçant la vie des mineurs de fonds ; - Un étage en lien avec la Grande Guerre ; - Un étage dédié à la créativité où les citoyens de l'agglomération et d'ailleurs pourraient laisser libre court à leur imagination en matière d'art ; - Aménagement du dernier étage en restaurant panoramique.
Avantages	- Ce projet permettrait de dégager une dynamique touristique en lien étroit avec la présence du Louvre-Lens ; - Mise en valeur des nouvelles formes de développement tournée autour de la créativité et de l'innovation.
Inconvénients	- Obligation de trouver un opérateur en vue de l'aménagement de la tour, le côté hétéroclite ne facilitant pas les choses pour l'occasion ; - Refus éventuel du Louvre qui pourrait craindre une certaine dispersion concernant l'exposition de ces œuvres ; - Même remarque concernant le Racing Club de Lens.

Numéro et titre du projet	**Projet numéro 9 : On prend appui sur le projet numéro 3 mais on utilise la tour d'extraction comme un démonstrateur universel des technologies liées à la TRI.**
Descriptif du projet	- Le cluster TRI est maintenu mais on utilise la tour d'extraction pour être un démonstrateur universel des technologies liées à la TRI ; - On incite des grands opérateurs privés à utiliser les différents étages de la tour

	d'extraction pour présenter leurs nouveaux produits aux grands publics ; - La tour du 11/19 devient ainsi un lieu d'exposition permanent entièrement dédié aux nouvelles technologies en lien direct avec la TRI ; - Le site organise régulièrement des salons en direction des professionnels.
Avantages	- La tour constitue une vitrine par rapport au cluster TRI ; - Loos en Gohelle devient un lieu incontournable au niveau national et international en matière de TRI ; - Le site évolue et s'adapte en lien avec les innovations, par exemple adaptation de nouvelles salles pour les démonstrations ; - La présence de grosses entreprises permet de créer des liens avec d'autres PME installées dans la pépinière ; - Accroissement du nombre de visiteurs sur le site.
Inconvénients	- Réticence éventuelle des gros opérateurs à s'installer sur le site du 11/19 ; - Obligation d'aménager le site pour accueillir un nombre important de visiteurs ; - Obligation d'améliorer la desserte du site en créant une entrée direct sur la base 11/19 depuis la sortie d'autoroute ; - Coûts importants des travaux liés à l'aménagement routier.

Numéro et titre du projet	**Projet numéro 10 : On s'appuie sur le projet numéro 3 mais on utilise la tour d'extraction pour y créer un musée de l'énergie, du développement durable et du climat sur le modèle de la Cité des Sciences et de l'Industrie à la Villette.**
Descriptif du projet	- On garde le cluster TRI mais on utilise la tour d'extraction pour y aménager un musée de l'énergie, du développement durable et du climat sur le modèle de la Cité des

	Sciences et de l'Industrie à la Villette ; - Chaque étage est dédié à une thématique particulière : un étage pour retracer l'évolution de l'usage de l'énergie avec des démonstrations, un autre étage sera consacré à l'exploitation charbonnière et à l'histoire du 11/19 ; - Un étage pourrait être entièrement consacré aux énergies renouvelables ; - Les autres étages seraient pour leur part dédiés au développement durable, à l'environnement et au climat ; - Le dernier étage sera aménagé en restaurant panoramique et en salle de réunion ; - Aménagement d'un centre de documentation à destination à la fois des chercheurs et du grand public sur les thématiques du musée ;
Avantages	- Proximité du Louvre-Lens susceptible d'attirer des visiteurs (possibilité de créer un pass commun) ; - Possibilité de développer des synergies avec le cluster ; - Développement du tourisme sur le site ; - Création de nombreux emplois ; - Possibilité d'utilisation des moyens numériques pour créer des situations virtuelles, par exemple : simuler l'impact d'une montée du niveau des océans ; - Possibilité de faire appel à des gros opérateurs au niveau du mécénat et du financement d'une partie des coûts de construction.
Inconvénients	- Difficulté d'obtenir des financements publics importants en raison de l'importance de l'opération d'aménagement ; - Obligation de rechercher des mécènes privés sans certitude de réussite ; - Obligation d'aménager le site pour accueillir un nombre important de visiteurs ; - Obligation d'améliorer la desserte du site en

	créant une entrée direct sur la base 11/19 depuis la sortie d'autoroute ; - Coûts importants des travaux liés à l'aménagement routier.

CONCLUSION DE LA DEUXIEME PARTIE

L'analyse SWOT du site de la Fosse 11/19 nous montre que le lieu possède un certain potentiel de développement pour l'occasion qui pourrait être le cadre d'un développement ultérieur fort intéressant. Dans le même temps, le positionnement de la ville de Loos en Gohelle dans des domaines comme l'économie de l'environnement qui peut se décliner de manière plus fine à travers l'économie de la fonctionnalité et l'économie circulaire serait de nature à envisager un nouveau départ au niveau du développement économique. Le succès et l'efficacité reconnue du CDEE pourraient constituer le point de départ d'un certain nombre de pistes possibles de valorisation de la filière environnementale à très court terme. Cependant, si les activités liées à l'environnement constituent déjà des éléments emblématiques du redéveloppement de la ville de Loos en Gohelle, d'autres secteurs économiques que l'on pourrait qualifier de « nouveaux » au regard de ceux plus anciens que sont les secteurs comme l'industrie charbonnière et l'industrie textile notamment pourraient en les combinant engendrer un nouveau modèle économique d'un territoire résiliant, respectivement : l'économie créative ; l'économie du patrimoine et la Silver economy.

En effet, la place importante au niveau foncier occupée par le site du 11/19 et son réaménagement potentiel pourrait permettre la promotion simultanée de ces nouveaux secteurs d'activités à la fois créateurs d'emplois et susceptibles de renforcer singulièrement l'attractivité d'un territoire. La combinaison de ces nouvelles activités implique nécessairement de procéder à des investissements massifs sur le site durant plusieurs années, les dix projets évoqués lors du chapitre précédent nous montrent l'étendue du champ des possibles mais pour cela deux solutions sont envisageables. La première d'entre elles est liée à la volonté de la puissance publique de promouvoir le site et plus généralement l'agglomération en faisant du 11/19, le symbole de la résilience d'un ancien territoire charbonnier résolument tourné vers l'avenir. Le problème réside dans les moyens financiers mis en œuvre pour réaliser cet objectif dans un contexte marqué par une restriction très forte des budgets des multiples collectivités territoriales susceptibles de participer à ce financement. L'autre solution consisterait à faire appel à de gros investisseurs privés potentiellement intéressés par le positionnement géographique et la mise en valeur du site du 11/19. C'est à travers cette problématique que l'on peut établir alors un lien entre cette deuxième partie et la première à travers l'utilisation par la ville de Loos en Gohelle des outils qui existent au niveau du marketing territorial et susceptibles par ailleurs de retenir l'attention de ces investisseurs potentiels. Par ailleurs, une solution hybride résiderait dans la mobilisation des fonds à la fois publics et privés dans la constitution d'un grand projet de développement, celui-ci serait susceptible de mobiliser alors des fonds importants d'un montant supérieur à celui qui serait obtenu si l'une ou l'autre des parties le faisaient de manière indépendante !

Pour finir, le fait pour le site du 11/19 de revêtir à la fois un caractère monumental et emblématique implique pour ce dernier d'attirer depuis de nombreuses années une masse importante de touristes. Le développement des activités touristiques pourrait constituer une autre piste possible de renouveau des activités de la ville et plus généralement de l'agglomération, tel sera l'objet de la troisième et dernière partie.

PARTIE III :

LA PROMOTION DE LA VILLE DE LOOS EN GOHELLE AU SEIN DE L'AGGLOMÉRATION DE LENS-LIÉVIN À TRAVERS L'UTILISATION DU MARKETING DU TOURISME, DU MARKETING DU TOURISME DURABLE

Nous avions conclu la deuxième partie par le constat que le site du 11/19, lieu emblématique s'il en est de la ville de Loos en Gohelle mais plus encore de l'Agglomération de Lens-Liévin pouvait en faisant l'objet de gros investissements notamment en combinant un financement public-privé être une vitrine d'un nouveau modèle économique. Dans le même temps, même si une éventuelle mise en place de nouveaux modes de développement apparaît fondamentale au regard des enjeux quotidiens d'économies d'énergies et de réduction d'émission de CO2 que chaque collectivité s'engage à faire, il n'en demeure pas moins qu'une activité tend à se développer de plus en plus au sein de l'Agglomération : l'activité touristique.

En effet, même si les activités touristiques sont parfois décriées avec leur cortège d'effets externes négatifs à l'échelle d'une zone urbaine (embouteillages, débordements sur la voie publique liés à certains excès collectifs, etc), elles apparaissent de plus en plus comme une opportunité de redéveloppement, notamment dans les zones non initialement dédiées à ce type d'activités à l'instar des zones industrielles comme le Bassin Minier.

Bien au-delà de la promotion d'un tourisme industriel qui se développe un peu partout en Europe, notamment dans le Bassin de la Ruhr[1] avec un succès grandissant, ce sont plutôt d'autres formes de tourisme fondées sur le caractère émotionnel que nous pensons pouvoir être développées au sein de l'Agglomération avec Loos en Gohelle comme moteur de ce futur développement. Tel est l'objet de la troisième et dernière partie.

---

1 Le lecteur pourra se référer à un ouvrage très intéressant écrit en 2007 par Michel DESHAIES portant sur la reconquête des territoires miniers. DESHAIES M., 2007, *Les territoires miniers, Exploitation et reconquête,* Éditions ELLIPSES.

CHAPITRE 14 :

L'ANALYSE SWOT DE LA VILLE DE LOOS EN GOHELL E ET DE LA CALL AU REGARD DES ACTIVITES TOURISTIQUES

Afin d'analyser l'impact éventuel des activités touristiques sur le développement futur de la ville de Loos en Gohelle et plus généralement de la CALL, il convient préalablement à l'étude de faire une analyse SWOT de la situation de l'Agglomération lensoise au regard des activités touristiques.

Section 1) L'analyse SWOT de la CALL au regard des activités touristiques

La mise en place d'une analyse SWOT de la Ville de Loos en Gohelle et de la CALL au regard de leur attractivité touristique se révèle selon nous pertinente car elle a déjà été évoquée dans les deux premières parties. Dans le cas présent, on se focalisera uniquement sur les activités touristiques alors que cette composante n'apparaissait qu'en filigrane dans les précédentes analyses SWOT.

FORCES	FAIBLESSES
- Zone géographique facile d'accès par différents moyens de transports et située au cœur d'un bassin important de population ; - Classement du Bassin Minier au Patrimoine Mondial de l'UNESCO ; - Proximité de la Côte d'Opale ; - Attractivité de la ville de Lille et plus généralement	- Image du Bassin Minier qui reste encore affectée d'un cliché négatif dans l'esprit de nombreux visiteurs potentiels ; - Insuffisance d'infrastructures hôtelières à la fois en terme qualitatif et quantitatif ; - Zone géographique encore trop peu valorisée dans les guides

de la métropole lilloise comme destination touristique ; - Présence de lieux de mémoire reconnus comme tels à l'échelle nationale voire européenne comme Notre Dame de Lorette et le Mémorial Canadien de Vimy ; - Présence du Louvre-Lens qui attire un grand nombre de visiteurs.	touristiques ; - Intégration encore limitée du Bassin Minier dans la politique touristique régionale.
MENACES	**OPPORTUNITES**
- Fin de la période de commémoration de la Première Guerre Mondiale ayant engendré un tourisme de « mémoire » ; - Economies budgétaires persistantes au niveau des Collectivités Territoriales empêchant un financement public conséquent pour de nombreux projets culturels et touristiques ; - Dynamique insuffisante de l'implantation du Louvre sur l'économie locale.	- Inscription d'un projet de développement touristique dans le projet d'agglomération de la CALL ; - Valorisation potentielle des sites emblématiques de la CALL si développement d'un partenariat public-privé ; - Développement potentiel d'activités liées à l'Art et à la Culture en liaison étroite avec le Louvre-Lens ; - Possibilité d'impliquer les habitants dans la création de nouveaux projets touristiques.

L'analyse SWOT à l'instar de celles déjà effectuées au préalable laisse apparaître des résultats contrastés dans lesquels les forces s'équilibrent avec les faiblesses et les menaces potentielles avec les opportunités.

Au niveau des forces, il apparaît indéniable que le Bassin Minier et plus généralement la CALL disposent d'atouts au niveau géographique de par leur positionnement. Situées en effet au cœur d'un ensemble très vaste englobant à la fois le Sud-Est de l'Angleterre, la Belgique dans son ensemble voire même une partie de la Hollande d'abord, si l'on considère ensuite que l'Ile de France constitue un voisinage immédiat de cette zone, ce sont plus de 25 millions de visiteurs potentiels susceptibles d'effectuer un déplacement touristique dans notre région. Ces déplacements potentiels seraient d'autant plus justifiés que cette zone géographique jouxte des villes comme Lille ou Arras qui présentent elles-aussi de nombreux atouts à la fois au niveau paysager et culturel. Par ailleurs, l'inscription du Bassin Minier à l'Unesco et le poids important des lieux de mémoire constituent selon nous des atouts supplémentaires pour y faire venir des touristes. Si l'on rajoute à ces éléments, le fait que la Côte d'Opale n'est pas très éloignée géographiquement, on peut estimer que la CALL dispose d'un certain nombre d'atouts pour y accueillir de nouveaux visiteurs dans un proche avenir.

Si l'on met en avant les forces de la zone en termes de potentiel touristique, il n'en demeure pas moins qu'elle renferme dans le même temps un certain nombre de faiblesses. La première est liée incontestablement à une image souvent dégradée de la CALL et plus généralement du Bassin Minier dans l'esprit de nombreux individus. Même s'il suffit de s'y rendre et de prendre le temps de le visiter pour relativiser les choses, les clichés négatifs persistent encore trop souvent ! Sans doute pouvons-nous y déceler une relation de causes à effets, mais le fait que nous ne soyons pas une zone touristique implique que l'offre d'hébergements et plus généralement l'offre de restauration apparaît à l'heure actuelle pour le moins insuffisante. L'installation d'un hôtel de luxe au sein de la cité de la fosse 9, même s'il constitue un signal fort n'est pas suffisant pour inverser une tendance lourde, de la même manière que l'absence d'un restaurant étoilé au Michelin au sein du Bassin Minier nous apparaît emblématique d'une certaine faiblesse en matière de restauration[1].

L'image d'une zone non touristique est sans doute encore accentuée par le fait que le Bassin Minier fait encore peu l'objet de promotions dans les guides touristiques même si l'on peut toutefois constater une évolution favorable avec l'apparition de certaines guides spécifiques ces dernières années. Pour conclure sur les faiblesses constatées, on peut estimer que la zone ne constitue pas une priorité dans le développement de la politique régionale du tourisme.

Si les forces et les faiblesses semblent s'équilibrer en partie, l'étude des menaces et des opportunités nous permet de nous projeter à court et à moyen terme par rapport aux potentialités de la zone en terme touristique.

Au niveau des menaces, la première concerne le très court terme, celle liée à la fin du centenaire des commémorations de la guerre 14-18 dont on sait

1 On pourrait nous rétorquer que le restaurant de Marc MEUREIN installé à BUSNES et ayant par ailleurs obtenu deux étoiles se trouve dans l'arrondissement de Béthune lui-même partie intégrante du Bassin Minier, toutefois sa localisation rurale l'exclut de fait de la zone minière !

qu'elles ont attiré du monde dans des lieux emblématiques comme Vimy ou Lorette. Même si le symbole très fort véhiculé par ces deux sites continue depuis lors à drainer chaque année un certain nombre de visiteurs, on peut quand même s'attendre à une légère baisse de fréquentation au cours des prochaines années. Dans le même temps, si l'on examine avec le recul l'impact de l'implantation de l'annexe du Louvre à Lens depuis son ouverture effective le 4 Décembre 2012, il apparaît indéniable que les effets observés ont été positifs, le Livret n° 12 de l'Association EURALENS met en avant plusieurs éléments liés à son implantation :

— « existence d'un éco-système unique en France et même en Europe axé sur l'innovation et le tourisme » ;
— « une gouvernance renouvelée » ;
— « un accélérateur de transformation urbaine » ;
— « une réponse multidimensionnelle pour accompagner le renouveau du Bassin Minier ».

Pourtant, il nous faut relativiser en partie ces effets bénéfiques par le fait que jusqu'à présent le Louvre-Lens n'a pas eu l'impact qu'a pu avoir en son temps l'implantation du Musée Guggenheim à Bilbao bien que les deux situations apparaissent un peu différentes à l'origine. Même si le chiffre de la fréquentation se situe en moyenne à 450 000 visiteurs annuels, ce qui en fait l'un des musées les plus visités de France, il apparaît qu'un grand nombre des visiteurs du Louvre-Lens ne s'attardent pas sur le territoire de la commune après leur visite. Probablement, on pourra juger objectivement de l'impact positif de cette implantation d'ici quelques années en effectuant une comparaison temporelle avec Bilbao (l'ouverture du Guggenheim remonte pour sa part à 1998 !).

Une dernière menace potentielle concernant à la fois le court et le moyen terme réside dans les contraintes budgétaires auxquelles les Collectivités territoriales doivent faire face depuis une décennie. En effet, la baisse des dotations de l'État d'une part, la suppression d'un certain nombre de recettes fiscales liées à des mesures de politique économique d'autre part impliquent que ces Collectivités doivent parfois faire des choix les conduisant à abandonner ou à repousser de quelques années certains projets. Les projets à caractère culturel et plus généralement ceux liés au tourisme courent le risque d'être plus particulièrement affectés par ces restrictions. La solution consiste une nouvelle fois à rechercher des partenariats publics-privés si l'on veut avoir une politique ambitieuse d'aménagements d'équipements culturels.

Au niveau des opportunités, on peut faire ressortir quatre paramètres qui nous poussent à envisager l'avenir du Bassin Minier de manière optimiste concernant le développement du tourisme. Le premier point est directement lié au fait que la CALL dans son projet de développement a inscrit le développement touristique comme une composante importante de sa politique future. Dans le même temps, lorsque l'on observe les sites emblématiques qui existent déjà, on peut constater qu'un certain nombre d'entre eux peuvent faire encore l'objet d'aménagement à condition de trouver les moyens financiers nécessaires, à ce titre, le site du 11/19 en représente un très bel exemple !

Dans le même temps, l'implantation du Louvre à Lens a permis également le développement d'un certain nombre d'activités annexes et directement reliées à l'Art et à la Communication. Cette inclinaison vers les Arts et plus généralement vers la Culture si elle se poursuit, ce qui devrait logiquement être le cas, pourrait être un facteur supplémentaire d'attractivité touristique à moyen terme.

Section 2) Le potentiel développement du marketing touristique

Le développement de l'attractivité touristique d'un territoire passe obligatoirement par l'utilisation des techniques du marketing comme nous l'avons souligné dans la première partie. Parallèlement au développement du marketing territorial, une nouvelle branche du marketing s'est développée, celle du marketing du tourisme.

En effet, l'évolution du champ d'action du marketing limitée jusqu'au début des années 1970 aux seuls biens de consommation s'est étendue ensuite aux activités de services et progressivement depuis le début des années 80 à une multitude d'autres domaines. Le secteur du tourisme ne fait pas exception à la règle et l'on considère aujourd'hui que cette industrie est à la fois vivante, excitante et stimulante. Dans ces conditions, les entreprises spécialisées dans l'accueil des visiteurs et les services de promotion touristique se livrent à une concurrence d'autant plus féroce dans un contexte qui dépasse largement le seul cadre national. Les entreprises qui réussissent dans le secteur du tourisme ont toutes un point commun, celle d'opter pour une stratégie marketing directement orientée vers le client potentiel. Plus généralement, la tâche du marketing touristique consiste à ne pas tromper le client mais au contraire à lui offrir une réelle valeur ajoutée et à l'encourager à acheter un séjour en même temps que de répondre à un besoin spécifique qu'il aura exprimé par ailleurs. Kotler, Bowen, Makens (2016) dans leur ouvrage de référence consacré au marketing du tourisme mettent en lumière un certain nombre de concepts de base qui nous permettent de mieux cerner l'impact du marketing du tourisme et de l'accueil à travers deux éléments essentiels : l'importance du marketing et sa déclinaison au niveau du marketing mix.

Si l'on se focalise sur son importance, on peut constater que l'industrie du tourisme et de l'accueil est l'une des plus grandes au monde. La France pour sa part demeure à ce jour la troisième destination touristique en termes de recettes.

L'accueil et le tourisme restent en France très dynamiques, représentant 7 % du PIB, avec plus de 17 000 hôtels classés pour un million d'emplois en équivalents temps plein, KPMG (2014). Dans cette optique, le marketing assure un rôle de plus en plus important dans le secteur de la restauration et de l'hôtellerie. En France, même si les restaurateurs indépendants demeurent majoritaires, les chaînes gagnent du terrain et, pour les indépendants qui les rejoignent, ils tirent bénéfice de la notoriété d'une enseigne et de la mutualisation des services à l'instar des fonctions d'achats et de communication. De la même manière, les grandes chaînes d'hôtels comme ACCOR ou HILTON ont su se procurer un avantage concurrentiel en intégrant le marketing dans leur stratégie.

Concernant le marketing-mix du tourisme, les responsables marketing définissent les produits et leurs caractéristiques, fixent les prix, décident comment distribuer et choisissent finalement les méthodes pour assurer leur communication. Ainsi, si l'on prend le cas de l'Hôtel IBIS, le mix-produit implique de proposer aux consommateurs, un hôtel de qualité standard situé le plus souvent dans un centre urbain ou à proximité d'un aéroport. Le mix-prix se matérialisera à travers un prix compétitif et modéré au regard d'autres hôtels du même style appartenant à des indépendants. Le mix-distribution consistera à référencer l'hôtel en question dans toutes les chaines d'agence de voyage. Pour finir, le mix-communication utilisera l'ensemble des médias habituels comme la presse quotidienne et magazine, la télévision, la radio et l'affichage et désormais Internet.

Après avoir mis en lumière les grands traits du marketing du tourisme, nous examinerons dans un premier temps, le concept de segment touristique, dans un deuxième temps, celui des caractéristiques spécifiques du marketing du tourisme et pour finir, nous nous focaliserons sur le marché du tourisme d'affaires.

CHAPITRE 15 :

LES SEGMENTS TOURISTIQUES

Au niveau du marketing du tourisme, l'une des segmentations les plus employées par les agences de voyage et les offices du tourisme se fonde sur la distinction entre voyage en groupe (que l'on désigne sous le segment : groupes en voyage organisé) et voyage individuel (que l'on désigne sous le segment : voyageurs indépendants). Il nous apparaît utile de connaître avec précision les différentes catégories de touristes potentiels susceptibles de visiter dans un proche avenir Loos en Gohelle ou une autre ville de la CALL, Kotler, Bowen et Makens (2016) dressent une typologie des différents segments touristiques dans leur ouvrage consacré au marketing du tourisme.

Dans cette optique, nous ferons apparaître ces différentes catégories dans un tableau dans lequel pour chacune d'entre elles, nous nous interrogerons sur l'impact qu'elles seraient susceptibles d'avoir au sein d'une zone géographique comme la CALL, tel sera l'objet du tableau numéro 14.

Tableau 15 : Les segments touristiques et leurs impacts potentiels sur le tourisme au sein de la CALL[1]

Segments de touristes	Caractéristiques du segment	Impacts potentiels sur le tourisme au sein de la CALL
Les touristes de masse organisés (encore appelés voyages de groupes participatifs)	Ces touristes ont peu ou pas d'influence sur leur expérience de voyage, et se contentent en général d'acheter un forfait/circuit et de se conformer à ce que l'on propose. Ils restent toujours avec leur groupe,	Cette catégorie de touristes reste le segment essentiel de toutes les destinations touristiques. Quelques soient les lieux de visite, on les

[1] Les deux premières colonnes du tableau 15 sont extraites de l'ouvrage de Kotler, Bowen et Makens, 2016, *Marketing for hospitality and tourism*, 7 th edition, Pearson Editions, la dernière colonne a été élaborée par l'auteur.

	voient la destination à travers les fenêtres des cars d'excursion, et séjournent dans des hôtels présélectionnés. Le shopping au marché local est souvent leur seul contact avec la population autochtone.	voit descendre des cars et se regrouper autour d'un guide clairement identifié pour l'occasion. Concernant la CALL, on les retrouve le plus souvent au Louvre-Lens venant à la fois de France et des pays limitrophes comme la Belgique, l'Angleterre et l'Allemagne. L'un des enjeux consisterait à attirer de plus en plus ce type de visiteurs mais sur une durée de séjour au moins égal à deux voire trois jours. Dans cette optique, le défi essentiel consiste à inscrire le territoire de la CALL dans les catalogues proposant des circuits spécifiques avec un arrêt sur le site du 11/19 et à la clé une visite des plus grands terrils d'Europe. On doit admettre que cette catégorie de touristes apparaît actuellement trop peu développée et leurs visites se limitent encore trop souvent au périmètre du Louvre-Lens !

Les touristes de masse individuels	Ces personnes sont semblables à la catégorie précédente mais ont un peu plus de contrôle sur leur itinéraire. Par exemple, elles peuvent louer une voiture pour visiter les sites.	Cette deuxième catégorie de touriste ressemble un peu à la précédente mais dans le cas présent, les touristes ont une plus grande liberté de visite. La contrainte principale pour les inciter à visiter la zone consiste à faire référencer les sites emblématiques de la CALL et de ses principales villes dans les guides touristiques comme le ROUTARD, le Guide MICHELIN et les autres guides à l'étranger. Cette tendance au référencement a débuté il y a moins d'une décennie et devrait selon nous être encore accentuer.
Les explorateurs	Ces personnes tombent dans la catégorie des voyageurs indépendants. Elles planifient leurs propres itinéraires et font elles-mêmes leurs réservations. Ces voyageurs ont tendance à être des personnes sociables qui aiment interagir avec la population locale.	Ce que l'on qualifie ordinairement d'explorateurs correspondent à des personnes recherchant des sensations différentes du touriste classique. Leur mode de connaissance du site à visiter se décline en une multitude de canaux

		d'information comme les guides, le web et éventuellement le bouche à oreille. Le fait de se mêler à la population locale implique que cette dernière peut jouer alors un rôle d'ambassadeur et de promotion de la zone de résidence.
Les routards	Ces personnes (le groupe des « sacs à dos » ou des randonneurs) se rencontrent rarement dans les hôtels traditionnels. Elles peuvent éventuellement séjourner dans des auberges de jeunesse avec des amis ou faire du camping. Ces touristes tendent à se mélanger avec les groupes d'autochtones inférieurs socioéconomiquement et prennent le train en deuxième classe ou le bus. Ils sont majoritairement jeunes.	Les routards présentent de nombreux points communs avec les explorateurs mais ont comme objectifs prioritaires de voyager à moindre prix en ne recherchant pas nécessairement un confort optimal à travers l'hôtellerie traditionnelle mais plutôt à travers les gites et les chambres chez l'habitant. Une fois encore, les habitants qui les accueillent peuvent jouer un rôle important dans la promotion de leur territoire en leur apportant par exemple des témoignages personnels sur leur vie de mineurs, par exemple.

Les touristes de passage	Ces visiteurs sont extrêmement importants pour des villes ou régions qui servent principalement comme zones d'arrêt du jour pour le lendemain.	Cette catégorie apparaît à l'heure actuelle peu développée sur le territoire de la CALL. En effet, on peut estimer que l'insuffisance de moyens d'hébergements sur le territoire implique que les touristes en voyage pour une durée courte séjourneront plutôt sur Lille voire Arras pour l'occasion. On oublie souvent qu'un touriste de passage en cas de quartier libre peut en profiter pour faire quelques achats à proximité de son hôtel et contribuer à la bonne santé du commerce local.
Les touristes d'affinité	Il s'agit de personnes qui séjournent chez des amis ou des parents. Pour cette raison, elles sont souvent considérées comme un segment peu intéressant. C'est une erreur car ces voyageurs ne dépensent pas d'argent pour l'hébergement, mais ils en dépensent pour manger, assister à des événements, des spectacles et faire les boutiques.	Les touristes d'affinité parce qu'ils séjournent chez des parents et des amis sont censés la plupart du temps bien connaître voire tout connaître de la CALL. En fait, l'expérience montre que l'on ne connaît forcément bien toutes les curiosités sur lesquelles il faut bien le dire on communique mal en

		général. En outre, ce sont ces personnes qui souvent trouvent un intérêt tout particulier à visiter les nouveaux équipements culturels qui n'existaient pas lorsqu'ils vivaient effectivement sur place. Les transformations du site du 11/19, l'aménagement du site de Vimy, la construction de l'anneau de la mémoire et la création du Louvre-Lens sont susceptibles encore plus de les attirer.
Les touristes d'affaires	Celui-ci concerne essentiellement la participation à des congrès, à des séminaires et à des foires commerciales.	Cette catégorie de touristes apparaît quasi-inexistante sur le territoire de la CALL même si on voit par ailleurs des séminaires d'entreprise se tenir sur le territoire, ce sont la plupart du temps des entreprises locales qui les organisent sans que cela puisse avoir un impact sur les visites de sites touristiques. Le développement du tourisme d'affaire au sein de la CALL

		pourrait à terme modifier la donne mais elle est liée fortement à la construction d'infrastructures d'accueil !
Les touristes d'affaires et d'agréments	De nombreux voyageurs d'affaires ou qui assistent à des séminaires ou conventions envisagent d'incorporer une période de détente avant ou après leur travail.	Cette catégorie ressemble beaucoup à la précédente et pour les mêmes raisons évoquées ci-dessus, la CALL est confrontée aux mêmes problèmes liés à la faiblesse du tourisme d'affaires. Toutefois, on peut noter que l'arrivée du Louvre-Lens a incité certains organisateurs de séminaires sur Arras et Lille à organiser une demi-journée de visites au Louvre-Lens.
Les visiteurs « remorques »	Les membres de la famille sont appelés communément des visiteurs « remorques ». Ainsi la présence des petits enfants a créé une sous-industrie de la garde d'enfants et du divertissement.	Les visiteurs « remorques » présentent de nombreux points communs avec les touristes affinitaires même si l'on peut penser ici qu'il s'agit principalement de petits enfants qui passent des séjours plus ou moins longs chez leurs grands-parents. Ces mêmes grands parents sont

		parfois conduits à leur proposer des visites de certains lieux pour les distraire (promenade à Lorette, visite du Louvre, etc).
Les touristes « funéraires »	Les compagnies aériennes par exemple offrent des tarifs spéciaux pour la famille et les amis qui se déplacent à l'occasion de funérailles ;	Cette catégorie de « touristes » ne semble pas devoir être prise en compte dans les stratégies de développement touristique dans la mesure où il apparaît évident dans la majorité des cas que la participation à des funérailles ne suscite pas chez l'individu l'envie d'aller visiter un lieu culturel !
Les touristes culturels et religieux	Cette large catégorie comprend les étudiants, ceux qui font un pèlerinage, les missionnaires principalement.	Cette dernière catégorie ne semble pas devoir se développer fortement au sein de la CALL dans la mesure où le territoire ne semble pas recéler de lieux de pèlerinage emblématique à l'exception peut-être de Notre Dame de Lorette mais qui est plutôt considéré ici comme un lieu de mémoire.

Comme nous pouvons le constater, il n'existe pas une seule mais plusieurs catégories de touristes susceptibles de visiter une zone géographique précise. Les grandes villes et les lieux emblématiques peuvent les attirer en grand nombre. Dans le cas de la CALL, même si rien n'exclut aujourd'hui d'envisager dans les politiques de développement touristique de les attirer une par une, cela passe nécessairement par une augmentation significative de l'offre à la fois à travers la création de lieux suffisamment attractifs au niveau touristique, mais surtout en augmentant les capacités d'accueil sur le territoire. Si l'offre de lieux touristiques et d'hébergements constituent le « nerf de la guerre » de toutes les politiques touristiques, on doit prendre en considération également le fait que le tourisme en tant qu'activité de services se développe de plus en plus dans les milieux d'affaires laissant ainsi entrevoir de nouvelles opportunités pour la CALL, tel sera l'objet de notre chapitre 16.

CHAPITRE 16 :

LES MARCHES DE GROUPES EN TOURISME D'AFFAIRES SUSCEPTIBLES DE CHOISIR LOOS EN GOHELLE ET LA CALL

L'un des marchés les plus importants de l'accueil et du tourisme est généré par les entreprises. En effet, les entreprises éprouvent toujours le besoin de réunir leurs collaborateurs, leurs revendeurs, leurs concessionnaires, leurs clients. Dans le cas présent, les séminaires et les conventions sont adaptées à cette problématique en même temps qu'ils apparaissent difficilement substituables pour l'occasion.

Au niveau du marketing du tourisme, on peut noter certaines différences sensibles entre le marché de groupes en tourisme d'affaires et un marché de « touristes classiques ». Le marché du tourisme d'affaires apparaît plus complexe car les entreprises à l'origine de la demande sont en général plus exigeantes et ont généralement tendance à réserver leur voyage parfois un an à l'avance, ce qui n'est pas le cas habituellement pour les groupes de touristes classiques.

De la même manière, lors du choix d'un hôtel, une des préoccupations essentielles pour la personne en charge d'organiser un évènement est de savoir s'il peut accueillir les participants. En règle générale, la plupart des hôtels ont le potentiel pour attirer une multitude de petites réunions, alors que seuls les grands hôtels peuvent attirer des congrès. Dans cette optique en nous appuyant à nouveau sur les travaux de Kotler, Bowen et Makers (2016), il peut être intéressant de distinguer les différentes formes de manifestations organisées par les entreprises en analysant par la même occasion l'impact que cela pourrait avoir sur la CALL en tant que lieu d'accueil pour ces manifestations, tel sera l'objet du tableau numéro 16.

Tableau 16 : Les principales catégories du tourisme d'affaires et le positionnement de la CALL[1]

Catégories de réunion	Caractéristiques	Impacts potentiels du tourisme d'affaires sur la CALL
Les réunions d'entreprise	Le terme de réunion est « une appellation générique qui est souvent utilisée par les entreprises interrogées pour désigner tous types de manifestations. Les entreprises baptisent séminaires ou réunions toutes sortes de manifestations professionnelles où les participants réunis sont isolés de leur milieu professionnel habituel pendant une journée entière ou plus : séminaire d'entreprise, séminaire de motivation, etc. La principale préoccupation de l'entreprise est que la réunion soit productive et atteigne les objectifs prévus. Les différents types de réunions d'entreprise	Les réunions d'entreprise représentent un segment important du tourisme d'affaire qu'il conviendrait d'attirer au sein de la CALL. A l'heure actuelle, on peut estimer que la CALL n'est pas forcément bien placée pour attirer ce type de touriste en raison essentiellement d'un manque d'infrastructures hôtelières de qualité et surtout en capacité d'accueillir ce type de manifestation. L'arrivée d'un hôtel 4 étoiles devant le Louvre-Lens pourrait être de nature à donner un signal fort vers des entreprises qui se tournent encore massivement vers

1 Les deux premières colonnes du tableau 16 sont extraites de l'ouvrage de Kotler, Bowen et Makens, 2016, *Marketing for hospitality and tourism*, 7 th edition, Pearson Editions, la dernière colonne a été élaborée par l'auteur.

	comprennent la formation, le management et l'organisation. Par ailleurs, les facteurs importants dans le choix d'un hôtel et qui méritent d'être soulignés sont les suivants : - le cadre de l'hôtel ; - la qualité de la nourriture ; - les salles de réunion ; - les tarifs ; - les chambres ; - l'accès Wi-Fi ; - un centre de bien-être et de remise en forme ; - un service d'assistance ; - une procédure de facturation de qualité.	les grandes villes de la région comme Arras ou Lille ou vers les stations balnéaires comme le Touquet pour y organiser leur réunion. Un autre élément que l'on peut mettre en valeur et qui serait de nature à compenser en partie la faiblesse de l'offre hôtelière réside justement dans la présence des lieux emblématiques comme Vimy et Lorette et le site du 11/19. Ce dernier pouvant servir de lieux d'accueil pour des réunions d'entreprise lors de rencontres ce qui est déjà parfois le cas au travers du CDEE, mais qui pourrait en accueillir plus si un bâtiment comme la Tour d'extraction faisait l'objet d'un réaménagement interne
Les réunions de petits groupes	Bien que les petites réunions, à moins de 50 personnes, soient en perte de vitesse en France depuis une dizaine d'années,	Cette deuxième catégorie de touristes d'affaires divergent en partie de la précédente par le fait que le

	elles gagnent l'attention des chaînes d'hôtels outre-Atlantique. Bien que faibles en termes de nombre de participants, des milliers de petites réunions sont organisées chaque mois. Les hôtels et les chaînes d'hôtels ont développé des offres spéciales pour les petites réunions, un segment souvent négligé par les grands hôtels.	nombre de participants y apparait plus faible mais l'on peut considérer que les motifs de réunion sont identiques. Ce segment de touriste pourrait se révéler intéressant pour la CALL dans la mesure où il ne nécessite pas la mobilisation d'un grand hôtel mais d'un équipement plus petit, ce que notre zone d'étude possède un peu plus. De la même manière, la présence de petits groupes pourrait être l'occasion de leur proposer des circuits de découverte car ce type de réunion apparaît souvent moins formel et plus décontracté qu'une réunion classique d'entreprise.
Les réunions d'associations	Les associations organisent de nombreux types de réunions, y compris au niveau régional. Par exemple des assemblées extraordinaires, des réunions de	Cette catégorie particulière du tourisme d'affaire peut dans un premier temps apparaître curieuse au lecteur dans la mesure où l'on considère

	formation et de conseils d'administration.	habituellement que le tissu associatif est particulièrement développé dans de nombreuses zones géographiques. Pour ces associations, la majeure partie des réunions se déroulent le plus souvent à proximité immédiate de leur siège social et n'engendre pas par ailleurs une demande touristique. En effet, seules les grandes associations ayant un rayonnement national voire international sont susceptibles d'organiser une assemblée générale dans un lieu éloigné du siège social. Dans cette optique, en présence de grandes associations, on retrouve en partie au sein de la CALL, les mêmes contraintes et les mêmes opportunités que pour les deux catégories précédemment

		citées.
Les incentives (ou « incitations »)	Elles constituent un sous-ensemble unique du segment du tourisme d'affaires en groupe et désignent en fait des techniques de stimulation ou de récompense que les participants reçoivent pour atteindre ou dépasser un objectif. Les entreprises attribuent des récompenses pour les performances individuelles ou d'équipe. Par exemple, les employés d'une région commerciale la plus performante peuvent être félicités ainsi.	La catégorie des « incentives » présentent certaines caractéristiques communes aux réunions de petits groupes dans la mesure où les participants y sont peu nombreux. Toutefois, un élément les distingue : celui du choix du lieu par les entreprises qui choisissent de les récompenser. Le plus souvent, ce lieu présente des caractéristiques positives et reconnues par tous, par exemple : la Côte d'Azur, les Antilles, les Maldives ou les Seychelles. Dans cette optique, bien que la CALL dispose d'atouts indéniables en matière de paysage, on ne peut pas à ce stade considéré comme pertinent qu'elle se positionne sur l'accueil de ce type de segment à moins d'expérimenter de nouvelles formes de tourisme

		reposant sur le facteur émotionnel.
Les congrès et conventions	Il semble important de distinguer les deux notions. Ainsi un congrès est un événement organisé, à un moment donné et sur un lieu précis, à l'initiative d'un ou de plusieurs organismes (entreprises, associations professionnelles ou politiques, organismes scientifiques, universités, etc) qui se réunissent pour diffuser, échanger ou confronter leurs expertises sur une thématique particulière. Une convention pour sa part, est un événement organisé par une entreprise privée, un groupe professionnel ou une organisation qui réunit généralement un grand nombre de personnes liées à la structure organisatrice (membres d'une force de vente, d'un réseau de distribution, d'une association, etc) pour partager un savoir ou	Ce dernier type de segment même s'il se subdivise en deux pour l'occasion ressemble assez fortement aux réunions d'entreprises mentionnées précédemment. Dans ces conditions, les remarques que l'on a pu faire précédemment restent valables pour l'occasion. Cependant, on peut estimer que la nature particulière des congrès et des conventions de par leurs thématiques spécifiques pourraient être un créneau intéressant pour la CALL dans un proche avenir. En effet, on peut estimer que le positionnement résolument orienté vers le développement durable et la troisième révolution industrielle pourrait être de nature à

	y diffuser des informations.	attirer toute une série de manifestations ayant pour cadre ces thématiques. La manifestation initialement envisagée en Décembre 2015 à Loos en Gohelle et devant réunir des invités prestigieux lors de la conférence de Paris sur le réchauffement climatique et qui a été malheureusement annulée à cause des attentats préfigurent peut-être d'autres opportunités à l'avenir pour ce type de manifestation.

Chapitre 17 :

Le nouveau marketing territorial susceptible d'etre applique a la ville de Loos en Gohelle et a la CALL

Dans la première partie de l'ouvrage, nous avions mis en évidence l'intérêt d'avoir une démarche de marketing territorial sans toutefois aborder la richesse de cette nouvelle discipline. Dans cette troisième partie, nous tenterons d'approfondir un peu plus ce concept qui subit de nombreuses transformations dans la mesure où il est susceptible de se décliner en une multitude de branches que l'on peut transposer à notre territoire d'étude, Batat (2016) a mis en évidence plusieurs types de marketing territoriaux que l'on va faire apparaître dans le tableau 17 en précisant pour chaque types, les principales caractéristiques et en examinant la manière dont la ville de Loos en Gohelle et la CALL pourraient l'utiliser sur leur territoire :

Tableau 17 : Les différents types de marketing territorial et leur déclinaison à la ville de Loos en Gohelle et à la CALL [1]

Types de marketing territoriaux	**Caractéristiques**	**Positionnement de la ville de Loos en Gohelle et de la CALL**
Le marketing culturel du territoire.	Le marketing culturel est la mise en place de moyens et d'outils qui permettent d'identifier le potentiel culturel immatériel du territoire et de le mettre en valeur en définissant une stratégie marketing adaptée en fonction du segment et de ses attentes en matière d'offre culturelles et patrimoniales.	Si l'on examine l'offre culturelle de la CALL et de la ville de Loos en Gohelle, on constate qu'il existe actuellement certaines faiblesses dans ce domaine. En effet, une partie importante de l'offre culturelle se matérialise principalement à travers l'existence du Louvre-Lens ouvert en 2012. Bien que cet équipement dispose d'une envergure internationale de par sa « marque » et bien qu'il soit trop tôt pour exprimer un jugement définitif sur les impacts économiques constatés, on doit

1 Les deux premières colonnes du tableau 17 sont extraites de l'ouvrage de Batat, 2016, *Marketing territorial expérientiel, bassins de vie, branding, digital, expérientiel... toutes les facettes du nouveau marketing territorial,* Éditions Ellipses, 184 p. La dernière colonne a été élaborée par l'auteur.

		reconnaître qu'il représente actuellement le seul équipement susceptible de différencier positivement la zone en y attirant des touristes. Certes, il existe des petits musées disséminés dans certaines villes de la CALL mais le plus souvent, leur petite taille les empêche d'être repérés au niveau national. Parfois, même ils demeurent mal connus de la population locale. Si l'on englobe dans l'offre culturelle, la présence des lieux de mémoire alors la CALL et Loos en Gohelle disposent de deux sites qu'elles peuvent valoriser à côté de leur offre muséale. En effet, on peut mettre en évidence deux types de lieux de mémoire : les lieux ayant un lien avec la Guerre 14-18 d'une part ; les

		lieux ayant un lien avec l'exploitation minière d'autre part. Concernant les lieux en lien avec la Guerre 14/18, le territoire de la CALL présente la caractéristique d'être l'un des territoires portant le plus de stigmates des combats qui se sont achevés, il y a 100 ans. Les deux sites que sont Vimy et Lorette ont fait l'objet d'aménagements récents ce qui a concouru à renforcer leur attractivité respective. Si l'on ajoute à cela la présence de nombreux cimetières où reposent des anciens combattants, on peut estimer que cela renforce l'attractivité culturelle de la zone. Concernant les lieux en lien avec l'exploitation minière, la ville de Loos en Gohelle

		comme nous l'avions mis en évidence lors de la précédente étude est susceptible de jouer un rôle de premier plan dans le développement d'une nouvelle forme de tourisme en s'appuyant sur le site du 11/19.
Le marketing territorial sportif.	Le sport à différents niveaux est devenu un véritable outil marketing qui contribue à renforcer l'attractivité économique et résidentielle du territoire. Le marketing sportif appliqué au territoire comprend l'ensemble des techniques, outils et dispositifs qui permettent au territoire de valoriser son engagement dans le sport, et ainsi d'en retirer des retombées économiques.	Concernant le marketing territorial sportif, la CALL pourrait bénéficier d'un certain nombre d'atouts si elle choisissait de s'engager dans cette voie à l'avenir. Le premier élément qui vient à l'esprit du lecteur repose sur la notoriété du Racing Club de Lens et de son stade Bollaert-Delelis. Les décideurs locaux reconnaissent le fait que Lens est d'abord et surtout reconnu en France à travers son équipe de Football, il suffit d'évoquer le nom de Lens pour que l'on y associe le club de Football.

		Les difficultés rencontrées depuis plusieurs années et la stagnation de l'équipe en deuxième division contribuent moins à valoriser le territoire mais l'on peut penser qu'une remontée en première division souhaitée et attendue par une partie importante de la population serait un facteur supplémentaire d'attractivité. Dans le même temps, on a pu observer dans le passé une forte implication des dirigeants comme Gervais MARTEL dans la mise en place d'initiatives en lien avec la population locale. La création d'un musée du Racing Club de Lens parfois évoquée dans les médias pourrait contribuer à diversifier l'offre culturelle déjà existante.

Le marketing des produits de terroir.	Ces dix dernières années, les produits du terroir ont été largement assimilés dans les pratiques alimentaires des consommateurs des pays occidentaux, du moins dans les pays européens. Le terroir ne concerne pas que l'agroalimentaire (ex : savons de Marseille).	Concernant les produits du terroir, on estime que certaines régions comme la Provence, la Région Lyonnaise, la Bretagne, l'Auvergne et plus généralement les régions viticoles disposent d'un avantage et d'une notoriété au niveau touristique national et international. Au niveau de la CALL, il existe peu de produits susceptibles de construire en les assemblant une offre territoriale. Les activités brassicoles sont plutôt identifiées comme faisant partie des Flandres françaises même si une entreprise comme la Brasserie Castelain commercialise des produits de qualité. Concernant la nourriture, les fromages emblématiques de

		la région comme le Maroilles sont nettement positionnés dans l'Avesnois et en Thiérache. On peut estimer que la mise en valeur de produits spécifiques qu'ils conviendraient de créer et de développer dans un avenir proche pourrait constituer un facteur supplémentaire d'attractivité.
Le marketing territorial de l'innovation.	Le marketing de l'innovation du territoire regroupe l'ensemble des techniques et outils marketing adaptés à un environnement d'innovation de plus en plus mondialisé.	Le marketing territorial de l'innovation se rencontre principalement dans les zones où il existe habituellement de fortes concentrations d'entreprises de hautes technologies. Ainsi, on peut retrouver des zones au départ peu peuplées mais qui ont accueilli au fil des ans, des activités innovantes (exemple la Silicon Valley). On peut retrouver également des

		grandes agglomérations comme Lyon, Montpellier, Milan ou Dallas qui ont chacune développé des pôles de compétitivité. Le territoire de la CALL ayant été marqué profondément et l'on peut ajouter négativement par l'extraction minière pourrait être à l'avenir un pôle de compétitivité des nouvelles technologies de l'environnement. Les suggestions d'aménagement du site du 11/19 déjà évoquées lors de la dernière étude reste plus que jamais d'actualités.
Le marketing territorial responsable.	Le marketing responsable du territoire concerne deux acteurs principaux : les acteurs économiques à travers la responsabilité sociale d'entreprise (RSE) et les populations. Le marketing responsable intervient sur le triptyque des 3Ps (People, Planet, Profit).	Les efforts entrepris par la ville de Loos en Gohelle au sein de la CALL pour promouvoir le concept du développement durable en même temps que les applications concrètes au

	Il est considéré comme un outil indispensable pour assurer un développement durable aux territoires et disposer d'une image positive dans les esprits des acteurs territoriaux internes et externes.	niveau de la ville contribuent à en faire au niveau national voire international, la ville emblématique du développement durable. Dans cette optique, les aménagements souhaités au niveau du 11/19 et le développement d'un tourisme durable autour des activités plus ou moins liées à l'environnement constituent un réel potentiel de développement du tourisme dans les années à venir.
Le marketing territorial international.	Dans un contexte de plus en plus globalisé, le territoire doit s'engager dans un processus d'internationalisation en mettant en place une stratégie marketing pour faire connaître son offre et positionner le territoire au niveau international.	Concernant le positionnement international de la CALL et de Loos en Gohelle, si l'on se réfère à l'analyse SWOT effectuée au début de l'étude, on peut estimer que le point fort de la zone reste son positionnement géographique qui le situe au cœur d'une zone de passage au sein de l'Europe du Nord-Ouest. Dans le

		même temps, son inscription au classement mondial de l'UNESCO au titre du patrimoine en évolution constitue un deuxième atout. Toutefois, on se doit de relativiser ces deux atouts par le fait que le territoire de la CALL n'apparaît pas en mesure d'apparaître à l'heure actuelle comme susceptible d'attirer une masse significative de touristes à l'instar d'autres régions françaises.
Le marketing territorial juvénile.	Le marketing territorial juvénile consiste à étudier de manière approfondie les besoins, les comportements, les activités, les tendances, les codes de la culture des jeunes âgés de 15-35 ans afin de leur proposer une offre territoriale (produits et services) adaptée et véhiculée par une communication qu'ils comprennent.	Concernant le marketing territorial juvénile, il apparaît souvent que cette dimension est négligée par les Collectivités qui ont une approche plus globale des segments de touristes. Si la présence de boites de nuits, de bars et d'équipements sportifs constitue des éléments

		susceptibles d'attirer une clientèle jeune, elle reste principalement confinée aux stations balnéaires et accessoirement aux grandes agglomérations. On peut toutefois imaginer de développer des formes de tourismes alternatifs autour des randonnées ou des circuits de découverte insolites à travers le territoire.
Le marketing territorial élitaire.	Le marketing élitaire du territoire met en avant la valorisation du savoir intellectuel représenté par les instituts de formation dans le domaine public et privé, les universités et les centres de recherche au sein du territoire.	Le marketing élitaire concerne surtout les grandes agglomérations qui regroupent de grandes universités et autres centres de recherche. La CALL pourrait essayer de développer l'accueil de formations orientées vers l'environnement en même temps que de favoriser la création sur son territoire de Centres de Recherche orientées dans ce domaine.

Comme nous venons de le voir, Loos en Gohelle et la CALL disposent d'un certain nombre d'atouts pour attirer de nouveaux touristes, il convient à présent de mettre en avant le concept de marque territoriale à travers le « branding ».

CHAPITRE 18 :

LE BRANDING TERRITORIAL ET SA DECLINAISON A LA CALL ET A LOOS EN GOHELLE

Kotler et Gertner (2002) dans un article publié dans la revue *Brand Management* insistaient sur le fait que l'engouement de ce qu'il convient d'appeler aujourd'hui le branding territorial se justifiait par une concurrence exacerbée entre les territoires. Cette concurrence étant renforcée par la même occasion à la fois par la mondialisation, le développement des médias et d'Internet. Dans cette optique, les territoires cherchent immanquablement à se différencier des autres en créant alors leurs propres avantages concurrentiels en optant pour une stratégie de branding territorial.

Dans ce chapitre, nous mettrons d'abord en lumière les multiples définitions de la marque territoriale en l'appliquant à notre territoire d'études, dans un deuxième temps, nous nous focaliserons sur le concept de branding territorial.

Section 1) Les différentes approches de la marque territoriale

« On considère habituellement que la marque est une composante marketing complexe en même temps que multidimensionnelle. Il existe plusieurs définitions de la marque en fonction de son utilisation dans la stratégie marketing », Le tableau 18 met en avant les différentes définitions de la marque territoriale telles qu'elles apparaissent dans l'ouvrage de référence de Batat (2016) en distinguant leurs approches et en précisant leurs objectifs en même temps qu'il laisse apparaître les applications possibles au territoire de la CALL et de Loos en Gohelle.

Tableau 18 : Les différentes définitions de la marque territoriale à travers leurs approches et leurs applications éventuelles au territoire de la CALL et de Loos en Gohelle [1]

Approche	Définition et objectifs	Applications possibles au territoire de la CALL et à Loos en Gohelle
Approche culturelle et sémantique	Dans cette approche, la marque territoriale est vue comme porteuse d'un message. Elle reflète la culture et les valeurs de la cible. Si certains territoires peuvent être substituables de par leur offre, ils ne le sont pas selon leurs marques, par exemple, les plages bretonnes offrent sensiblement le même produit que les plages normandes, pour autant, les touristes ne confondent pas les deux offres. Chaque marque territoriale crée, développe et défend des valeurs spécifiques à ses cibles, ce qui lui permet d'avoir une	Dans le cas présent, la CALL pourrait prendre comme marque : Le « Bassin Minier des Hauts de France » ou encore La « Terre des mineurs artésiens ». Dans le cas de la ville de Loos en Gohelle, on pourrait avoir le message suivant : « Loos en Gohelle, l'emblème du Bassin Minier » ou encore « Loos en Gohelle, une certaine idée du développement durable au quotidien ». De la même manière, les éléments distinctifs à la fois pour la CALL et pour Loos en Gohelle pourrait être le courage, la chaleur humaine, le

[1] Les deux premières colonnes du tableau 18 sont extraites de l'ouvrage de Batat, 2016, *Marketing territorial expérientiel, bassins de vie, branding, digital, expérientiel… toutes les facettes du nouveau marketing territorial,* Éditions Ellipses, 184 p. La dernière colonne a été élaborée par l'auteur.

	image différente des concurrents. Ainsi la marque territoriale apparaît comme un élément de différenciation contribuant à créer et à renforcer l'avantage distinctif du territoire.	fait d'être une terre de travail et de travailleurs, ou encore le fait d'être un territoire de mémoire.
Approche managériale	Cette approche définit la marque territoriale comme un signe lexical et/ou graphique qui identifie les produits ou services d'un territoire, et les différencie de ceux des concurrents. La marque territoriale est positionnée par rapport à la concurrence : les individus et les organisations reconnaissent la marque territoriale à travers les avantages offerts qui doivent correspondre à leurs attentes. Cette définition met en avant le fait que la marque territoriale doit exprimer les avantages concurrentiels du territoire.	Dans cette approche managériale, on peut estimer que pour la CALL et Loos en Gohelle, le fait d'être labélisées UNESCO constitue un signe distinctif important par rapport aux autres zones présentant des caractéristiques identiques. De la même manière, on pourrait imaginer que chaque ville de la CALL affiche en termes de communication le terme UNESCO de par son positionnement dans la zone de référence, par exemple : Lens UNESCO ou Loos en Gohelle UNESCO

Approche centrée sur la cible ou la « Consumer-centric approach »	Cette approche fait ressortir trois typologies de la marque territoriale qui sont liées aux attentes des cibles (organisations et populations) : - des marques territoriales liées à l'aspect fonctionnel du territoire : elles servent à satisfaire des besoins externes des cibles tels que l'habitat, le transport, etc. - des marques territoriales symboliques : l'objectif est de satisfaire les besoins internes des cibles tels que l'appartenance à un groupe social, l'intégration, par exemple la marque BREIZH au lieu de Bretagne. - Des marques territoriales expérimentales : elles représentent les sensations de bien-être ou de fierté d'appartenir à un territoire donné.	Dans le cas présent, on se retrouve face à plusieurs cas de figure. Si l'on se place d'un point de vue fonctionnel, par exemple en lien avec le logement, on pourrait avoir un slogan du type : « La CALL ou Loos en Gohelle, un lieu où il y fait bon vivre ou un lieu où il fait bon d'habiter ». Si l'on prend les transports, on insistera plutôt sur le fait que la CALL se trouve à quelques encablures des principaux centres de décisions économiques comme Lille, Paris ou Bruxelles. Concernant les marques symboliques, le passé minier de la CALL pourrait donner naissance à un slogan du style, « la CALL, depuis toujours une terre de labeur » ou encore « la CALL, notre première qualité, le courage des hommes » mais aussi « la CALL,

		l'accueil : notre première qualité ». Pour finir, par rapport aux marques territoriales expérimentales, on pourrait imaginer des slogans un peu décalés comme « la CALL, fier d'être chtimi » ou encore « la CALL, bienvenue au CHTILAND ».
Approche centrée sur le produit ou la « Good-centric approach »	Dans cette approche, la marque territoriale est considérée comme un ensemble d'attributs territoriaux que les cibles gèrent pour maximiser le profit tiré de leur usage. Les attributs territoriaux sont classés par ordre d'importance et diffèrent selon le profil et les besoins des différentes cibles.	Par rapport à cette approche, le slogan va changer en fonction des priorités affichées par les responsables politiques. Ainsi, si le premier objectif est l'accueil de nouvelles activités, on mettra en avant le dynamisme et la situation géographique de la CALL. A l'inverse, si l'objectif numéro 1 est le tourisme, on mettra en avant le classement au patrimoine mondial de l'UNESCO.
Approche historique	Dans l'approche historique, la marque territoriale	Face à l'approche historique de la marque, la CALL

	représente un nom, un terme, un signe ou toute autre forme combinant ces éléments. Elle sert à identifier les produits et les services territoriaux et à les différencier des concurrents. La marque territoriale est considérée comme complexe car elle traduit l'histoire du territoire en exprimant ses expériences, sa culture, son potentiel, son capital matériel et immatériel, ses produits, etc. La marque devient alors la mémoire du territoire et la source de son identité	et Loos en Gohelle peuvent jouer sur deux registres distincts mais pas forcément positifs au regard de l'observateur extérieur à la zone. En tout premier lieu, on trouve naturellement l'omniprésence de l'activité minière et de ses stigmates territoriaux. Dans cette optique, on aurait plutôt un slogan du style : « la CALL au cœur du Bassin Minier » ou plus décalé : « la CALL, pour avoir bonne mine ». L'autre composante que l'on peut juger parfois de manière négative est en lien direct avec la Première Guerre Mondiale et les destructions massives qu'elle a pu occasionner sur la zone. Dans ce cas, on peut imaginer la déclinaison suivante : « la CALL, une terre de combat » ou encore « la CALL, un lieu de mémoire

		éternel ».
Approche industrielle	La marque territoriale représente une forme de propriété industrielle. Le droit la considère donc comme un actif protégé. La création de la marque territoriale est considérée comme précieuse car elle constitue la force du territoire et lui permet d'acquérir d'autres marchés et cibles.	La transposition de l'approche industrielle apparaît plus complexe dans la mesure où il n'y a pas eu de conflits relatifs à l'utilisation d'une marque par le territoire de la CALL ou par Loos en Gohelle. Même s'il existe par ailleurs, de nombreux Bassins Miniers en France et à l'Étranger, pas un d'entre eux n'a obtenu le Label UNESCO. De fait, on peut penser que l'utilisation du slogan Bassin Minier UNESCO pourra continuer à l'avenir à promouvoir la zone au niveau national et international.
Approche décisionnelle	La marque territoriale est vue comme un signe matériel ou une empreinte misée par le territoire pour le distinguer. La distinction est basée sur la qualité de vie au sein du territoire, son potentiel économique, ses équipements, son	Dans ce dernier cas, on peut mettre en avant le fait que la CALL et Loos en Gohelle apparaissent être des zones en résilience après la fermeture des mines. On pourrait imaginer le slogan suivant : « La

	aménagement, son patrimoine matériel et immatériel, son histoire, etc.	CALL, un territoire renouvelé, accueillant et dynamique ».

Pour conclure sur la notion de marque territoriale, si l'on se réfère aux travaux de Batat (2016), on peut mettre en avant le fait que l'intérêt de développer une marque territoriale se situe à deux niveaux :

— « pour les cibles territoriales (entreprises/organisations et populations), la marque permet aux différents acteurs territoriaux de traiter et de mémoriser les informations sur les offres territoriales (biens et services). Dans le même temps, la marque peut être considérée pour d'autres dimensions telles que l'identification du territoire, la garantie des services et de la qualité de la vie, la personnalisation, etc ».

— « pour le territoire et les décideurs, la marque permet au territoire de se différencier de la concurrence à travers un positionnement fort et compris par les cibles et même temps que de capitaliser sur le potentiel culturel et les attributs tangibles. »

Ayant mis en évidence le concept de marque territoriale, il convient à présent d'examiner celui de « branding » territorial.

Section 2) Le concept de « branding territorial »

Le branding territorial est une nouvelle approche dans la manière de penser la création de valeur pour un territoire à travers la création ou la recréation d'une marque territoriale. Cette démarche est très importante dans la mise en place d'une stratégie de marketing territorial à destination d'un public défini. Le branding d'un territoire désigne ainsi le processus de construction d'une marque territoriale dans une optique de communication, Batat (2016) met en exergue certaines caractéristiques :

— « le branding permet d'établir des connexions et des liens émotionnels avec les cibles du territoire visant la partie émotionnelle, les sentiments et les attentes profondes des cibles » ;

— « une marque territoriale forte est une marque qui a réussi à intégrer des entités culturelles et authentiques reconnues par les publics visés » ;

— « la construction d'une marque doit correspondre à l'identité profonde du territoire » ;

— « l'identité profonde du territoire regroupe des éléments de réputation, de culture ainsi que l'ensemble des valeurs inscrites dans l'ADN territorial et véhiculées par la marque créée, les services, les infrastructures, la qualité de vie et les acteurs sociaux et économiques appartenant au territoire » ;

— « le branding est aussi essentiel pour les territoires qui ne peuvent pas se positionner par rapport à un aspect innovant ».

Suite aux travaux précurseurs d'Anholt (2002) sur le branding des nations cités par Batat (2016), on distingue plusieurs types de branding territorial, en ce qui nous concerne, nous n'en retiendrons que quelques-uns :

— *le corporate branding territorial ;*

Le corporate branding territorial présente la particularité d'impliquer plusieurs acteurs du territoire qui ont des intérêts différents. En fonction des interactions entre les différentes parties prenantes, plusieurs éléments peuvent être mis en avant :

— « le branding territorial doit considérer l'ensemble des acteurs et proposer une communication adaptée à ces derniers à travers une seule marque mais qui reflète les attentes divergentes de l'ensemble des acteurs territoriaux ». Concernant notre zone d'étude, la marque Bassin Minier UNESCO présente l'avantage de constituer un dénominateur commun pour les différentes couches de la population de la zone, l'octroi de ce label étant perçu dans la majorité des cas comme positif ;

— « la marque territoriale corporate doit servir de support aux activités territoriales et contribue à les différencier des territoires concurrents en ajoutant de la valeur et des significations distinctives. » Une fois encore, si l'on reprend le sigle Bassin Minier UNESCO, on doit admettre qu'il permet dans le cas présent de différencier significativement l'agglomération de Lens-Liévin des autres agglomérations minières du reste de la France et même en Europe ;

— « le corporate branding territorial peut porter sur le territoire (marque-territoire) ou bien sur les offres territoriales (marque-produit) ». La marque produit se rencontre dans certains cas de figure en particulier, par exemple, si l'on prend la ville de Vichy, elle constitue une marque-territorial à travers ses activités thermales mais elle peut constituer aussi une marque produit matérialisée par les eaux du même nom. Pour notre zone d'étude, il ne semble pas y avoir pour l'instant de marques produit.

— *l'internal branding territorial*

« Le branding interne concerne les acteurs territoriaux employés et le personnel qui portent l'ensemble des valeurs de la marque territoriale. » On considère que ces acteurs internes doivent être en phase avec le contenu et les valeurs de la marque territoriale. « Ils incarnent la marque et le positionnement du territoire. Ils sont aussi des vecteurs de communication interne sur les aspects tels que la qualité de vie, les services, le positionnement, l'attractivité, etc. L'internal branding du territoire permet de fédérer les acteurs internes autour de la marque territoriale et de ses valeurs à travers une adhésion à la culture et aux valeurs territoriales ». Dans le cas de la CALL, si l'on prend en considération le sigle Bassin Minier UNESCO, on peut estimer que l'omniprésence des activités d'extractions minières pendant plus d'un siècle même si aujourd'hui, ces activités ont disparu continue à marquer durablement les esprits d'une grande partie de la population. De la même manière, si on laissait apparaître un slogan du type : « la CALL, une terre de labeur ou d'efforts », on pourrait penser fort logiquement qu'une partie importante de la population se reconnaitrait tout à fait dans ce logo.

— *le service branding territorial*

« Le service fait partie intégrante du branding territorial. En effet, les individus et les entreprises décident de s'installer sur un territoire selon la qualité des services offerts. Les services constituent un élément stratégique pour valoriser et différencier un territoire. Ils permettent au territoire de produire et de fournir des bénéfices et des valeurs rattachées à la marque territoriale. » Pour la CALL et Loos en Gohelle, un des éléments à faire ressortir dans un logo qui pourrait parfaitement cadrer avec le service branding territorial serait le suivant : « La CALL, terre d'accueil » ou « Loos en Gohelle, terre d'accueil ». Derrière, ce vocable de « terre d'accueil », on sous-entend implicitement que l'habitant est chaleureux, qu'il a le sens de l'hospitalité, qu'il est prêt à rendre service, que des valeurs comme la solidarité demeurent au centre de ses préoccupations ou encore qu'il est ouvert aux autres, ce que tout le monde devine au regard des vagues successives d'immigration qui ont jalonné l'histoire du Bassin Minier depuis près d'un siècle.

Après avoir mis en évidence les différentes approches de la marque territoriale, il convient à présent de proposer différents projets en lien avec le tourisme susceptibles de développer l'attractivité touristique de la zone, tel sera l'objet de notre dernier chapitre.

CHAPITRE 19 :

LE PLAN D'ACTION POUR DEVELOPPER L'IMAGE DE LA VILLE DE LOOS EN GOHELLE ET DE LA CALL AU REGARD D'UNE PLUS GRANDE ATTRACTIVITE TOURISTIQUE

Si l'on se réfère à l'analyse SWOT effectuée au début de la deuxième partie, on peut constater que le territoire de la CALL et plus spécifiquement la ville de Loos en Gohelle bénéficie à la fois de forces face à son potentiel de développement touristique mais qui sont potentiellement compensées par des faiblesses récurrentes liées essentiellement aux caractéristiques de la zone. De la même manière, si l'on se place dans une perspective dynamique à court et à moyen terme, on peut également mettre en évidence le fait que les opportunités sur l'utilisation du tourisme comme levier de développement sont contrebalancées par les menaces susceptibles d'apparaître.

Dans cette optique, les autorités politiques de la zone d'étude se doivent d'adopter des mesures visant à accroître encore les forces qui sont reconnues par tous les décideurs tout en minimisant les faiblesses, elles aussi clairement identifiées. De la même manière, il convient également au cours des prochaines décennies de prendre des mesures visant à limiter les menaces et se saisir des opportunités de développement.

Pour répondre à ce double défi, nous nous efforcerons à l'instar de la deuxième partie de faire un certain nombre de propositions d'actions que la ville de Loos en Gohelle et la CALL pourraient mettre en œuvre pour développer l'attractivité touristique du territoire. A cet effet, nous ferons apparaître sous forme de tableaux synthétiques, dix propositions qui s'appuient en partie sur les concepts et remarques que nous avons émises dans la deuxième partie. Chaque tableau s'efforcera de mettre en lumière les éléments suivants, respectivement :

— le numéro de la proposition et son titre ;
— le descriptif de la proposition ;
— les avantages liés à sa mise en œuvre potentielle ;
— les obstacles susceptibles d'être rencontrés dans cette mise en œuvre ;

— l'horizon temporel lié à cette mise en œuvre ;
— la nature des coûts liée à la mise en œuvre de cette proposition

Chaque proposition sera déclinée sous la forme d'un tableau synthétique à l'instar du chapitre portant spécifiquement sur le 11/19.

Numéro et titre du projet	**Projet numéro 1 : Augmenter le référencement de la CALL et de la Ville de Loos en Gohelle en tant que zone touristique dans les guides nationaux et internationaux**
Descriptif du projet	Toutes les zones touristiques quelques soient les endroits dans le Monde font l'objet d'un référencement précis dans tous les guides touristiques de chaque pays. Le projet consiste pour la CALL et Loos en Gohelle d'apparaître progressivement comme une zone touristique susceptible d'accueillir des visiteurs sur les lieux emblématiques du territoire.
Avantages liés à la mise en œuvre du projet	Le fait d'être référencé dans les principaux guides touristiques contribue dans un premier temps à faire connaître la zone auprès des touristes potentiels, c'est l'aspect cognitif de la communication. Dans un deuxième temps, il s'agit de susciter l'envie de venir dans la zone, c'est l'aspect affectif et pour finir, il s'agit d'inciter les visiteurs potentiels à venir effectivement dans la zone, ce que l'on appelle l'aspect conatif.
Obstacles susceptibles d'être rencontrés dans le cadre de la mise en place du projet	Le principal obstacle réside dans le fait de proposer une offre suffisamment attractive susceptible de faire déplacer les visiteurs alors que la CALL et Loos en Gohelle n'apparaissent pas de prime abord comme des régions touristiques au sens où l'on peut l'entendre. De la même manière, qu'un référencement par les

	principaux guides nationaux reste assez difficile, il pourrait l'être encore plus au niveau international.
Horizon temporel lié à la mise en œuvre du projet	L'élaboration d'un plan stratégique de communication vers les guides touristiques et sa déclinaison opérationnel peut se concrétiser à très court terme (1 à 2 ans).
Nature des coûts liés à la mise en œuvre de ce projet	Persuader les responsables des principaux guides même en se limitant à l'Europe nécessiterait de nombreux voyages à l'étranger avec un coût qui pourrait se révéler assez élevé pour l'occasion.

Numéro et titre du projet	**Projet numéro 2 : Persuader les Tours Opérators de mettre à leur programme des séjours de 5 à 7 jours de découverte du Bassin Minier avec un focus sur la CALL et Loos en Gohelle**
Descriptif du projet	Certains Tours Opérators comme la compagnie POUCHKINE spécialisée dans les voyages en Europe de l'Est et en Russie proposent à leurs clients des voyages un peu décalés notamment sur les lieux de mémoire de la Seconde Guerre Mondiale avec des visites en Pologne et en Biélorussie notamment avec celle des camps de concentration d'Auschwitz et de Treblinka en même temps que la visite de certains lieux de combats. Le projet consisterait à faire de la CALL et de Loos en Gohelle avec une extension à l'ensemble du Bassin Minier, un lieu de séjour plutôt court avec à la fois la visite des lieux de mémoire liées à la Grande Guerre, la visite du Louvre-Lens, du site du 11/19 et du centre minier de LEWARDE.

Avantages liés à la mise en œuvre du projet	L'existence de ce type de voyage que l'on pourrait qualifier de décalé pourrait contribuer à renforcer assez fortement le tourisme au sein de la zone.
Obstacles susceptibles d'être rencontrés dans le cadre de la mise en place du projet	Certains Tours Opérators pourraient être réticents à l'idée d'organiser de tels voyages considérés par eux-mêmes comme peu attractifs. Dans le même temps, la relative faiblesse de l'offre hôtelière à court terme pourrait compliquer la démarche des responsables locaux en charge du développement touristique.
Horizon temporel lié à la mise en œuvre du projet	De la même manière qu'à l'instar du projet précédent, la mise en place d'une stratégie offensive vis-à-vis cette fois-ci des Tours Opérators pourrait se faire en cas d'accord des décideurs politiques à très court terme (1 à 2 ans). A l'inverse, l'augmentation des capacités d'accueil des visiteurs pourrait prendre plus de temps selon nos estimations (5 à 10 ans).
Nature des coûts liés à la mise en œuvre de ce projet	Si l'on se cantonne aux principaux Tours Opérators nationaux, les déplacements et contacts avec leurs responsables marketing pourraient ne pas être très élevés. L'augmentation de l'infrastructure hôtelière dépend d'abord de la stratégie des chaînes d'hôtels.

Numéro et titre du projet	**Projet numéro 3 : Développer des formes de tourisme alternatif en lien étroit avec le développement durable**
Descriptif du projet	Les formes particulières de tourisme comme la randonnée, le logement chez l'habitant, la découverte d'espaces protégés et des initiatives en lien avec le développement durable tend de plus en plus à s'étendre au niveau national et international. Dans le cas présent, le projet consisterait à s'appuyer sur les

	initiatives liées au développement durable, principalement celles initiées par la ville de Loos en Gohelle pour inciter certaines agences de voyages un peu atypiques à élaborer des circuits touristiques en lien avec le développement durable et plus généralement avec la nature. Par exemple, un bivouac sur le terril du 11/19 à l'instar de ce qui existe par ailleurs dans les séjours consacrés à la chasse aux gros gibiers.
Avantages liés à la mise en œuvre du projet	Même si ce type de tourisme peut apparaître comme étant une niche, son développement pourrait entrainer à travers le bouche à oreille une valorisation des initiatives prises au niveau du développement durable surtout pour la ville de Loos en Gohelle.
Obstacles susceptibles d'être rencontrés dans le cadre de la mise en place du projet	Le premier obstacle consiste à repérer les agences de voyage un peu atypiques susceptibles d'adopter cette démarche. Le risque existe également de ne pas à ce stade, pouvoir proposer une offre suffisamment attractive et décalée.
Horizon temporel lié à la mise en œuvre du projet	On retrouve ici le même horizon temporel que pour les deux exemples précédents, en cas de volonté forte de la part des décideurs, on peut envisager un horizon d'un à deux ans.
Nature des coûts liés à la mise en œuvre de ce projet	Les coûts de démarchage peuvent ne pas être trop élevés si l'on repère bien en amont les agences susceptibles d'être intéressées par ce type de projets. Dans le même temps, le développement d'un tourisme durable impliquerait sans doute quelques opérations d'aménagements au niveau de la sécurité au sein de la zone de visite.

Numéro et titre du projet	**Projet numéro 4 : Impliquer fortement les habitants de la CALL et de Loos en Gohelle dans l'élaboration des produits touristiques en faisant d'eux des co-créateurs de l'offre.**
Descriptif du projet	Les habitants du Bassin Minier sont fortement attachés plus que d'autres à leurs lieux de vie. Les expériences qu'ils ont vécues à l'époque de l'activité minière pourraient constituer un élément important d'une offre touristique un peu décalée. Ainsi, on pourrait imaginer que les visiteurs parcourant la CALL et Loos en Gohelle puissent s'arrêter quelques heures chez d'anciens mineurs qui leur raconteraient la vie quotidienne d'un mineur de fond. De la même manière, on pourrait imaginer que certains habitants pourraient avec le soutien des Collectivités locales accueillir des visiteurs en leur faisant gouter certains produits emblématiques de la zone en question (charcuteries polonaises, tartes à gros bords ou encore tartes au libouli).
Avantages liés à la mise en œuvre du projet	La participation des habitants au processus d'offres touristiques s'inscrit parfaitement dans une démarche de mise en place du marketing territorial expérientiel. En outre, l'originalité de cette approche pourrait encore plus contribuer à développer des séjours un peu atypiques.
Obstacles susceptibles d'être rencontrés dans le cadre de la mise en place du projet	La réussite d'un tel projet réside surtout dans le repérage et la volonté des habitants de s'impliquer dans ce type de démarche qui nécessiterait par ailleurs un minimum de logistique d'accueil chez l'habitant. Cependant

	la question de la rétribution des habitants en même temps que le respect de certaines normes alimentaires et sécuritaires pourraient poser des problèmes.
Horizon temporel lié à la mise en œuvre du projet	À l'instar des projets précédents, on peut imaginer qu'un horizon temporel relativement court d'un à deux ans serait envisageable si l'on repère très vite les habitants susceptibles d'être intéressés par ce genre d'initiative.
Nature des coûts liés à la mise en œuvre de ce projet	Si l'identification des habitants intéressés ne nécessiterait pas un coût excessif, en revanche les aménagements potentiels des lieux d'accueil pourraient être plus élevés.

Numéro et titre du projet	**Projet numéro 5 : Mieux coordonner les politiques touristiques et d'accueil avec les Collectivités locales de l'Arrageois et de la Métropole lilloise.**
Descriptif du projet	Les villes d'Arras et de Lille mais plus généralement leurs agglomérations présentent de nombreux atouts en terme d'offres d'équipements culturels. Dans le même temps, elles accueillent un nombre croissant de touristes venant d'autres régions de France et de l'étranger. Le projet consisterait à coordonner un peu plus étroitement les politiques touristiques de ces deux zones avec celle de la CALL de façon à pouvoir étendre l'offre touristique de séjours en permettant aux touristes de visiter plus de choses sur un territoire plus large.
Avantages liés à la mise en œuvre du projet	En étendant l'offre touristique à une zone plus large, on augmente les chances de référencement dans les

	guides touristiques et auprès des Tours Opérators. La CALL et Loos en Gohelle peuvent ainsi bénéficier d'un effet d'entrainement concernant les visites touristiques qui existent déjà sur Lille et sur Arras.
Obstacles susceptibles d'être rencontrés dans le cadre de la mise en place du projet	Les relations dans le passé entre les différentes zones géographiques notamment avec la métropole lilloise n'ont pas toujours été faciles. En outre, chacun des territoires concernés peut avoir pour ambition de renforcer son attractivité initiale au détriment de ses voisins immédiats.
Horizon temporel lié à la mise en œuvre du projet	S'il existe une volonté de renforcer les coopérations entre les zones, l'horizon temporel peut rester par la même occasion relativement court en termes de contacts et d'échanges. L'élaboration d'une offre touristique combinée pourrait prendre un peu plus de temps.
Nature des coûts liés à la mise en œuvre de ce projet	Pour l'occasion, le coût des contacts peut rester faible même si plusieurs réunions peuvent s'avérer nécessaire. On peut penser par ailleurs que l'offre touristique concerne ensuite les services des Collectivités Territoriales respectives.

Numéro et titre du projet	**Projet numéro 6 : Augmenter l'attractivité du territoire de la CALL et de Loos en Gohelle en créant de nouveaux équipements touristiques et culturels.**
Descriptif du projet	Même si la CALL possède déjà de nombreux sites et équipements emblématiques comme le Louvre-Lens et le site du 11/19, il n'en

	demeure pas moins qu'au regard de ce qui peut exister dans d'autres zones, les lieux de visite demeurent restreints. Le projet consisterait à construire de nouveaux lieux de visite permettant d'augmenter l'offre muséale notamment. A ce titre, la réaffectation à partir de 2023 des locaux de l'hôpital de Lens qui aura aménagé sur son nouveau site pourrait constituer une opportunité intéressante. Par exemple, la construction d'une cité dédiée au Cinéma et à la production cinématographique et audiovisuelle irait selon nous dans le bon sens.
Avantages liés à la mise en œuvre du projet	Le développement de nouveaux lieux de visite ne peut que contribuer immanquablement à augmenter l'intérêt pour les visiteurs de s'arrêter sur le territoire de la CALL et à Loos en Gohelle. Elle représente un élément important de l'offre touristique.
Obstacles susceptibles d'être rencontrés dans le cadre de la mise en place du projet	Le principal obstacle réside dans la recherche d'investisseurs susceptibles de mettre en œuvre beaucoup de moyens à la fois financiers et matériels. En effet, dans un cadre marqué par des restrictions budgétaires au niveau des Collectivités Territoriales, il apparaît assez difficile d'envisager la création sur le territoire de la CALL d'équipements culturels d'envergure après la construction du Louvre et des locaux liés à la conservation de ses réserves. L'idée déjà évoquée lors d'un précédent chapitre d'un partenariat public-privé pourrait contourner en partie ces obstacles.

Horizon temporel lié à la mise en œuvre du projet	Les difficultés évoquées ci-dessus rendent l'horizon temporel plus éloigné de l'ordre de 5, 10 voire 15 ans.
Nature des coûts liés à la mise en œuvre de ce projet	Les coûts d'aménagement de nouvelles infrastructures culturelles peuvent se révéler très élevés pour l'occasion.

Numéro et titre du projet	**Projet numéro 7 : Aménager le site emblématique du 11/19 et élaborer des actions culturelles communes avec le Louvre-Lens et le Racing Club de Lens au Stade Bollaert-Delelis.**
Descriptif du projet	Le site du 11/19 en raison de sa position centrale au sein de la CALL et à travers son image emblématique d'une part, par rapport au réaménagement potentiel de sa tour d'extraction d'autre part, pourrait constituer un lieu attractif pour les touristes. En outre, l'existence d'une certaine coordination avec le Louvre-Lens et le Racing de Lens pourrait donner lieu à des collaborations intéressantes en matière de manifestations touristiques.
Avantages liés à la mise en œuvre du projet	L'offre touristique de la CALL pourrait de fait s'en trouver fortement augmentée et permettrait de faciliter le référencement à la fois dans les guides touristiques et dans l'offre des Tours Opérators.
Obstacles susceptibles d'être rencontrés dans le cadre de la mise en place du projet	L'obstacle essentiel à l'instar de l'exemple précédent réside dans la difficulté à trouver un investisseur susceptible de mettre des fonds importants dans un projet d'envergure. L'aménagement du

	site du 11/19 a déjà fait l'objet de développements importants dans la deuxième partie de cet ouvrage.
Horizon temporel lié à la mise en œuvre du projet	De la même manière que pour l'aménagement éventuel de l'ancien hôpital de Lens, l'horizon temporel pourrait se révéler assez éloignée 10 voire 15 ans en attendant de trouver le bon projet et l'investisseur potentiel.
Nature des coûts liés à la mise en œuvre de ce projet	À l'instar du projet précédent, les coûts d'aménagements du 11/19 pourraient se révéler conséquents.

Numéro et titre du projet	**Projet numéro 8 : Organiser à l'échelle de la CALL une manifestation annuelle d'envergure susceptible d'attirer autant de visiteurs qu'à la Braderie de Lille.**
Descriptif du projet	Dans le cas présent, le projet consisterait à organiser chaque année à une date identique à l'instar de ce qui se fait déjà pour la Braderie de Lille, une manifestation festive et culturelle susceptible d'avoir un rayonnement international. Par exemple, un spectacle sons et lumières sur tous les terrils de la CALL ; la venue d'un groupe musical de renommée mondiale, l'organisation d'une exposition temporaire au Louvre-Lens présentant un caractère exceptionnel ; l'organisation d'un match de football entre la France et une autre grande équipe au Stade Bollaert-Delelis. Pour terminer, on pourrait

	imaginer que chaque ville de la CALL organiserait une manifestation festive, l'ensemble sur un week-end de deux jours.
Avantages liés à la mise en œuvre du projet	L'organisation d'une manifestation d'envergure pourrait être une occasion de renforcer considérablement l'attractivité de la zone si l'on parvient à communiquer efficacement auprès des médias nationaux et internationaux.
Obstacles susceptibles d'être rencontrés dans le cadre de la mise en place du projet	Les obstacles sont multiples à commencer par l'existence pour l'instant des capacités d'accueil insuffisantes à l'échelle de la CALL. Dans le même temps, si l'on veut attirer de nombreux touristes, il faut proposer quelque chose d'exceptionnel ce qui suppose de négocier avec différents organismes comme le Ministère de la Culture, la FFF voire la FIFA.
Horizon temporel lié à la mise en œuvre du projet	L'élaboration du projet en tant que tel pourrait cadrer avec un horizon temporel relativement court de 2 à 3 ans pour le lancement d'une première manifestation.
Nature des coûts liés à la mise en œuvre de ce projet	Si la manifestation concerne l'ensemble des villes de la CALL et si elle est multiforme alors le coût total pourrait se révéler chaque année relativement important pour l'occasion.

Numéro et titre du projet	**Projet numéro 9 : Encourager les habitants de la CALL et de Loos en Gohelle de développer des blogs et autres plateformes**

	d'échanges sur les réseaux sociaux en vantant les points forts de la zone auprès des touristes potentiels internautes.
Descriptif du projet	Le développement des blogs personnels et l'utilisation de plateformes comme FACEBOOK ou TWITTER pourraient contribuer à faire rayonner la zone de la CALL et de Loos en Gohelle auprès des touristes potentiels.
Avantages liés à la mise en œuvre du projet	La création de blogs laisse une large part à la créativité dans les politiques de promotion d'un territoire, en outre leur construction apparaît peu onéreuse pour l'occasion. De la même manière les réseaux sociaux comme FACEBOOK peuvent être de nature à favoriser les échanges entre les habitants d'une zone qui la mettraient ainsi en valeur auprès d'autres habitants ne soupçonnant pas l'existence de la CALL.
Obstacles susceptibles d'être rencontrés dans le cadre de la mise en place du projet	Le contenu des blogs et des sites d'échanges apparaît difficilement contrôlable à première vue par les décideurs politiques même si chaque territoire se dote aujourd'hui de ce type d'instruments pour assurer sa promotion. Dans certains cas, il peut y avoir des messages envoyés par les bloggeurs ou les internautes qui pourraient rendre moins efficace la communication officielle des Collectivités Locales.
Horizon temporel lié à la mise en œuvre du projet	L'encouragement de la part de certaines Collectivités

	Territoriales envers certains habitants potentiellement bloggeurs peut se faire dans un horizon très court si on perçoit une réelle volonté politique.
Nature des coûts liés à la mise en œuvre de ce projet	On peut estimer que le coût de la mise en œuvre des blogs n'est pas tellement financier mais plutôt chronophage pour l'occasion.

Numéro et titre du projet	**Projet numéro 10 : Mettre en place une démarche de collectes de Bigs Datas à l'échelle de la CALL**
Descriptif du projet	On reconnait aujourd'hui en Marketing, l'importance du traitement d'un très grand nombre de données statistiques. Il apparaît assez intéressant d'envisager la mise en place d'un tel projet auprès des touristes venant visiter la CALL. De cette manière, on pourrait mieux connaître leurs attentes et adapter l'offre touristique en conséquence.
Avantages liés à la mise en œuvre du projet	L'utilisation d'un grand nombre de données en même temps que les croisements que l'on pourrait effectuer permet de dresser des portraits types de visiteurs à travers une typologie des touristes.
Obstacles susceptibles d'être rencontrés dans le cadre de la mise en place du projet	La collecte des données touristiques peut parfois se heurter à des considérations matérielles dans la mesure où il n'est pas facile d'interroger les visiteurs descendant d'un car de touristes. Dans cette optique, on

	pourrait avoir l'obligation de mettre en place un système de collectes des données personnelles en amont de la visite avec toutes les difficultés légales qui en découlent et qui sont liées par exemple à l'évolution de la législation concernant la protection des données personnelles.
Horizon temporel lié à la mise en œuvre du projet	L'horizon temporel peut se révéler assez court si l'on est d'accord sur les informations et la manière de les récolter au niveau des visites touristiques.
Nature des coûts liés à la mise en œuvre de ce projet	L'embauche d'un spécialiste du Big Data mais plus généralement de personnes chargées de faire parler les chiffres peut se révéler assez coûteux pour l'occasion.

CONCLUSION DE LA TROISIEME PARTIE

Lorsque l'on examine le positionnement de la ville de Loos en Gohelle et plus généralement celui de la CALL au regard des activités touristiques, on ne peut manquer de souligner un certain nombre d'atouts indéniables susceptibles de constituer à l'avenir une piste potentielle de redéveloppement économique. Deux éléments au moins peuvent être mis en exergue, celui d'un positionnement central de la zone au sein d'une région des Hauts de France traversée quotidiennement par de nombreux voyageurs d'une part, celui lié à la présence de lieux emblématiques et symboliques comme les terrils jumeaux du site du 11/19 en même temps que ceux liés au lieu de mémoire de la Grande Guerre comme Vimy et Notre Dame de Lorette dans un deuxième temps. Même si ces avantages peuvent être contrecarrés en partie par une image globalement négative et selon en partie injustifiée du Bassin Minier dans l'imagination des français, il n'en demeure pas moins que le tourisme de mémoire se développe depuis déjà plusieurs années et qu'il gagnerait à être encore accentué à l'avenir. Pour parvenir à cet objectif ambitieux, la ville de Loos en Gohelle et la CALL se doivent d'identifier dans un premier temps les différents segments de touristes susceptibles de se déplacer au sein de la zone. Un segment potentiel à ne pas négliger réside dans leur capacité à faire venir des séminaires d'entreprise et plus spécifiquement ceux organisés par les PME pour l'occasion. Dans le même temps, les évolutions prévisibles des champs couverts par le marketing territorial dans un horizon relativement court, cinq à dix ans laissent entrevoir de multiples opportunités pour le territoire de se mettre en valeur et de se démarquer significativement par rapport aux autres territoires miniers qui n'ont pas encore la chance de figurer au Patrimoine Mondial de l'UNESCO au titre des sites en évolution. La mise en valeur du territoire passe nécessairement par le choix d'une marque en même temps que d'un slogan susceptible de faire mouche auprès des investisseurs potentiels mais surtout auprès des touristes en quête de nouveaux territoires un peu atypiques au regard des territoires habituellement dévolus au tourisme. Les travaux relativement récents consacrés au Branding territorial nous montre une multitude d'approches possibles et de slogans adaptés à ces dernières qui permettraient selon nous à la CALL et à Loos en Gohelle de pouvoir être repérer à un niveau international.

Dans le même temps, les multiples projets listés dans le dernier chapitre apparaissent très divers et portent pour certains d'entre eux sur une optimisation des actions de communication et de promotion du territoire qui reste encore méconnu des principaux guides touristiques. De la même manière, l'organisation de grands événements festifs à l'instar de ce qui existe déjà à travers la tenue annuelle de la Braderie de Lille mais au-delà la participation active des habitants de la zone à l'offre touristique constituerait pour nous une piste de développement intéressante.

Pour finir, le développement de l'attractivité touristique est synonyme d'accroissement des capacités d'accueil hôtelières en même qu'il implique la construction de plusieurs lieux emblématiques au sein de la zone qui n'en possède pas assez à l'heure actuelle. Le site du 11/19 demeure l'une des clés de voute d'un futur développement touristique et ce que les Pouvoirs Publics décideront d'en faire influera beaucoup sur sa fréquentation, la contrainte principale pour son aménagement demeure la contrainte financière pour réaliser un investissement de grande ampleur.

CONCLUSION GENERALE

La présence pendant plus d'un siècle de l'industrie charbonnière au sein de la CALL et de manière encore plus visible sur la seule ville de Loos en Gohelle a laissé des traces indélébiles au sein du territoire. Depuis maintenant plus de 30 ans, les différentes Collectivités Territoriales concernées se sont engagées dans une reconversion visant à implanter de nouvelles activités en même temps que de réparer les dégâts causés par une exploitation massive du sous-sol. Plusieurs pistes ont été privilégiées pour assurer cette longue reconversion : respectivement la rénovation de l'habitat minier, le traitement des friches industrielles permettant ainsi la mise à disposition de nouveaux terrains destinés à accueillir les entreprises, la promotion des éco-entreprises et pour finir l'accueil d'équipements culturels emblématiques comme le Louvre-Lens.

Placé au cœur de la région des Hauts de France, le territoire de la CALL apparaît facile d'accès en raison de son positionnement central. Dans ces conditions, bien que n'étant pas du tout destinée initialement à accueillir des touristes, on peut estimer que la présence simultanée sur son territoire de lieux emblématiques miniers comme les terrils jumeaux et la tour du 11/19, l'existence de lieux de mémoire liés à la Première Guerre Mondiale comme Vimy ou Lorette et depuis 2012, la présence du Louvre-Lens constitue indéniablement des atouts pour développer à court et à moyen terme le tourisme.

Dans le même temps, les efforts entrepris par la ville de Loos en Gohelle pour décliner quotidiennement les principes du développement durable constitue un atout supplémentaire d'attraction des visiteurs.

Le fait de posséder ces atouts pourrait conduire les décideurs politiques locaux à s'appuyer sur les activités touristiques en s'efforçant de donner une image différente du territoire. Des outils empruntés au marketing territorial existent par ailleurs pour assurer la promotion d'un territoire et le rendre plus compétitif par rapport aux territoires concurrents. De la même manière, il existe également deux branches spécifiques du marketing des services orientés vers le tourisme et plus récemment vers le tourisme durable sur lesquels la CALL et la ville de Loos en Gohelle pourraient s'appuyer dans le cas présent. L'utilisation de ces nouveaux concepts bien que forts utiles pourraient ne pas suffire toutefois à attirer un nombre suffisant de touristes. La réussite de cette stratégie de redéploiement économique à l'échelon territoriale serait un élément emblématique de ce que pourrait être un territoire en résilience qui après avoir connu un essor économique important jusqu'au début des années 1970, après avoir assisté à la fermeture progressive des puits de mines, après avoir connu une diminution de sa population verrait se réinstaller de nouvelles activités porteuses d'emplois. Toutefois, cette réussite passe obligatoirement par la combinaison de deux éléments. D'abord, créer une marque territoriale reconnue au niveau national voire international et qui donnerait une image positive aux regards des visiteurs potentiels, le concept du « branding territorial » évoqué dans la dernière partie de cet ouvrage nous laisse entrevoir des pistes intéressantes à développer. Dans le même temps, le redéploiement économique s'accompagne obligatoirement d'investissements importants notamment sur un lieu emblématique comme celui de l'ancien carreau de fosse du 11/19 situé sur la commune de Loos en Gohelle. Si les projets concernant le réaménagement du site ont foisonné depuis sa réappropriation par la commune au milieu des années 1980, si des aménagements ont progressivement été réalisés depuis deux décennies, il n'en demeure pas moins qu'une partie non négligeable de sa surface pourrait être consacrée dans un avenir proche à la mise en œuvre d'un grand projet ayant un retentissement national, ce projet pourrait être orienté simultanément vers l'environnement, le tourisme, la connaissance, il faut maintenant construire ce projet en espérant qu'ils amènent des entreprises à investir des moyens conséquents pour le réaliser.

Bibliographie

Anholt S., 2002, « Forward », *Journal of Brand Management,* p.229-239.

Alexandre H., Cusin F., Juillard C., 2010, *L'attractivité résidentielle des agglomérations françaises,* Chaire Ville et Immobilier, Juillet 2010, Dauphine Université Paris.

Aribaud F., Tréguer JP., 2016, *Le Silver Marketing, Les meilleures pratiques pour communiquer aux seniors,* Éditions Dunod, 188 p

Aydalot P., 1985, *Economie Régionale et Urbaine,* Édition Economica, Collection Economie, Paris, 487 p

Barzel Y., 1997, *Economic Analysis of Property Rights,* Cambridge University Press.

Batat W., 2016, *Marketing territorial expérientiel, bassins de vie, branding, digital, expérientiel... toutes les facettes du nouveau marketing territorial,* Éditions Ellipses, 184 p.

Baumol W., Bowen W., 1966, *Performing Arts, the Economic Dilemma,* Cambridge MIT Press.

Benhamou F., 2002, 2011, *L'économie de la culture*, Paris, La Découverte, « Repères » 2002 (7 ème édition.2011).

Benhamou F., 2012, *L'économie du patrimoine culturel*, Paris, La Découverte, « Repères »

Bernard C., Hallal S., Nicolaï JP., 2013, *La Silver Economie, une opportunité de croissance pour la France*, rapport du Commissariat général à la stratégie et à la prospective, décembre 2013, préface d'Arnaud Montebourg et Michèle Delaunay, 110 p. Boeck, 385p.

Bourdieu P., 1979, *La distinction, critique social du jugement,* Les éditions de Minuit, le Sens Commun, 672 p.

Brulhart F., Favoreu C., Gherra S., 2015, *Stratégie,* Éditions Dunod, p.7-11 ; p. 60-64.

Chamard C., 2014, *Le Marketing territorial, comment développer l'attractivité et l'hospitalité des territoires ?*, Éditions De Boeck.

Chibani-Jacquot P., 2015, *Loos en Gohelle Ville Pilote du Développement Durable,* Éditions Les petits matins, 191 p.

Cobb C., 2000, *Measurement Tools and the Quality of Life,* Redefining Progress Oakland.

Deshaies M., 2007, *Les territoires miniers, Exploitation et reconquête,* Éditions Ellipses.

Dluhy M., Swartz N., 2006, "Connecting Knowledge and Policy: The Promise of Community Indicators in the United States", Social Indicators Research (2006) 79, p 1-23

Durance P., Mousli M., 2010, « Créativité et innovation dans les territoires » in *Créativité et Innovation dans les territoires,* Rapport de Michel Godet, Philippe Durance et Marc Mousli, Conseil d'Analyse Economique, La documentation française, p. 85-91.

EURALENS., 2014, *Quelle dimension métropolitaine pour la Base 11/19 ?*, Compte rendu du Cercle de qualité Euralens du 19 Juin 2014, Livret Euralens n° 3, 57 p.

EURALENS., 2015, *Forum Euralens « Economie et Formation », les propositions pour la population, pour les entreprises, pour un territoire de la Troisième Révolution Industrielle,* 11 Juin 2015 : séance de restitution et de débats, 34 p.

EURALENS., 2015, *Louvre-Lens, chiffres clés et impacts 2015*, Livret Euralens numéro 7, page 19.

EURALENS., 2017, *Louvre-Lens, 5 ans ! Chiffres clés et impacts 2012-2017,* Livret Euralens numéro 12, 40 p.

Florida R., 2002, *The Rise of the Creative Class,* New York, Basic Books, 2002.

Gahin R., Peterson C., 2001, "Community Indicators: Past, Present, and Future", *National Civic Review,* 90(4), p. 353-359.

Geneau de la Marlière I., Staszak JF., 2000, *Principe de géographie économique,* Édition BREAL, Collection Grand Amphi Géographie, 448 p.

Gollain V., 2014, *Réussir sa démarche de marketing territorial. Méthodes, techniques et bonnes pratiques,* Territorial Éditions, Voiron.

Greffe X., 2003, *La valorisation économique du patrimoine*, Paris, La Documentation française.

Grésillon B., 2015, « Villes créatives versus villes de création ? » in *L'économie créative et ses territoires, Enjeux et débats »* Christine Liefooghe (Ed), Presses Universitaires de Rennes, p. 63-75

Guérin S., 2011, *La Nouvelle Société des seniors,* Michalon Editions, 2011.

Guérin S., 2015, *Silver Génération,* Michalon Editions, avril 2015.

Hatem F., 2007, *Le marketing territorial, Principes, méthodes et pratiques,* Éditions EMS.

Howkins J., 2001, *The Creative Economy. How People make Money from Ideas,* London, Penguins Books.

Insee Première N° 1580, janvier 2016.

Kotler P., Haider D.H., Rein I., 1993, *Marketing Places,* New York, Free Press.

Kotler P., Bowen J., Makens J., 2016, *Marketing for hospitality and tourism*, 7th edition, Pearson Editions.

Kotler P., Gertner D., 2002, "Country as brand, product and beyond: A place marketing and brand management perspective", *Brand Management*, p.249-261.

KPMG., 2014, *L'industrie hôtelière française,* 37e éd., Etudes KPMG, septembre 2014.

Krugman P., 1991, *Geography and Trade*, Mit Press, Cambridge.

Laganier R., Villalba B., Zuindeau B., 2002, *Le développement durable face au territoire :*

éléments pour une recherche pluridisciplinaire.

Landry C., 2000, *Creative City. A Toolkit for Urban Innovators,* Londres, Earthscan.

Liefooghe C., 2010, « Economie créative et développement des territoires : enjeux et perspectives de recherche », *Innovations,* n° 31, p.181-197.

Liefooghe C., Mons D., Paris D., 2016, *Lille métropole créative ? Nouveaux liens, nouveaux lieux, nouveaux territoires,* Environnement et société, Éditions du Septentrion, Presses Universitaires, 346 p.

Mairesse F, Rochelandet F., 2015, *Economie des Arts et de la Culture,* Collection U, Éditions Armand Colin.

Meyronin B., 2012, *Marketing territorial. Enjeux et pratiques,* Vuibert, 2 ème édition.

Moser G., 2009, *Psychologie environnementale,* Édition De Boeck, 300 p.

Nicolas Y., 2007, « Les premiers principes de l'analyse d'impact économique local d'une activité culturelle », *Culture-méthodes,* Ministère de la Culture et de la Communication.

Nicot BH, Ozdirlik B., 2008, *Les impacts socio-économiques de l'inscription sur la liste du Patrimoine Mondial : deux comparaisons en Turquie.* Polygraphié. 20p.

O'Connor J., *The Cultural and Creative Industries. A Review of the Literature*, Londres, Arts Council England, 2007.

Olszak E., 2010, « Attractivité des territoires et développement durable dans l'Union Européenne, opposition ou convergence ? », *Géographie, Economie, Société,* Vol 12- N ° 3, Juillet-Septembre 2010, p 279-305.

Olszak E., 2012, « Localisation des activités et développement durable des territoires : quelle interactivité ? », *Marché et Organisations*, numéro 16 : *Territoires vert : entreprises, institutions et innovations*, numéro coordonné par Jean-Marie Cardebat et Dimitri Uzunidis, l'Harmattan, Paris, 2012/2, p 153-180.

Olszak E., 2014, « ISACDAL : Indicateur Synthétique d'Attractivité Communautaire Durable des Territoires Appliqué à Loos en Gohelle », étude réalisée à la demande de la Mairie de Loos en Gohelle et financé par la Caisse des Dépôts et Consignation, 109 p. Novembre.

Olszak E., 2016 « Le rôle du site 11/19 au sein de la démarche de Loos en Gohelle ville pilote, vers l'émergence d'un nouveau modèle économique », étude réalisée à la demande de la Mairie de Loos en Gohelle , étude complémentaire à l'étude ISACDAL , 101 p. Juin.

Olszak E., 2018 « La promotion de la ville de Loos en Gohelle au sein de l'Agglomération de Lens-Lièvin à travers l'utilisation du marketing du tourisme, du tourisme durable, du marketing territorial expérientiel, 78 p. Juin.

Philips R., 2003, "Community indicators" in *Planning Advisors Service Report,* Number 517, 45 p, American Planning Association.

Plaza B., 2008, "On some challenges and conditions for the Guggenheim to be an effective economic reactivator", *International Journal of Urban and Regional Research,* vol. 32, n°2, p. 506-517.

Plaza B, Haarich S., 2009, "Museums for urban regeneration? Exploring conditions for their effectiveness", *Journal of Urban Regeneration and Renewal,* 2 (3) : pp. 259-271.

Portney K.E., 2003, *Taking sustainable Cities seriously, Economic development, the environment and quality of life in American Cities, Cambridge: MIT Press*

Prud'homme R., 2008, "Les impacts socio-économiques de l'inscription d'un site sur la liste du patrimoine mondial : trois études, *Patrimoine mondial de l'UNESCO*, 20 p.

Reed M., Fraser E., Dougill A., 2006, "An adaptive learning process for developing and applying sustainability indicators with local communities", *Ecological Economics*, S9, p 406-418.

Rosental C., *Silicon Valley : institutions et modes de régulation des échanges,* EHESS-CNRS, Occasional Paper Number, 10 Décembre 2012, 31 p.

Sauvin T., 2015, *Entreprises et territoires, des liaisons dangereuses ?*, Édition Armand COLIN, Collection U, 221 p.

Swain D., 2001, « Linking Civic Engagement and Community Improvement: A Practitioner Perspective on the Communities Movement", *National Civic Review*, 90(4), p. 319-334.

Taillandier M., 2008, *Le classement UNESCO favorise-t-il l'activité touristique et le développement économique local ? Une étude économétrique du cas de la France*. Polygr. 49p.

Tréguer JP., 2007, *Le Senior Marketing,* 4éme édition, Dunod, 2007.

Throsby D. Withers G., 1979, *The Economics of the Performing Arts*, Edward Arnold Publishers.

UNCTAD/UNDP., 2010, *Creative Economy Report 2010. Creative Economy: a Feasible Development Option,* United Nations, 2010.

Valentin A., Spangenberg J., 2000, "A guide to community sustainability indicators", *Environmental Impact Assessment Review*, 20 (2000) p. 381-392.

Liste des tableaux

Table des matières

Structures éditoriales du groupe L'Harmattan

L'Harmattan Italie
Via degli Artisti, 15
10124 Torino
harmattan.italia@gmail.com

L'Harmattan Hongrie
Kossuth l. u. 14-16.
1053 Budapest
harmattan@harmattan.hu

L'Harmattan Sénégal
10 VDN en face Mermoz
BP 45034 Dakar-Fann
senharmattan@gmail.com

L'Harmattan Cameroun
TSINGA/FECAFOOT
BP 11486 Yaoundé
inkoukam@gmail.com

L'Harmattan Burkina Faso
Achille Somé – tengnule@hotmail.fr

L'Harmattan Guinée
Almamya, rue KA 028 OKB Agency
BP 3470 Conakry
harmattanguinee@yahoo.fr

L'Harmattan RDC
185, avenue Nyangwe
Commune de Lingwala – Kinshasa
matangilamusadila@yahoo.fr

L'Harmattan Congo
67, boulevard Denis-Sassou-N'Guesso
BP 2874 Brazzaville
harmattan.congo@yahoo.fr

L'Harmattan Mali
Sirakoro-Meguetana V31
Bamako
syllaka@yahoo.fr

L'Harmattan Togo
Djidjole – Lomé
Maison Amela
face EPP BATOME
ddamela@aol.com

L'Harmattan Côte d'Ivoire
Résidence Karl – Cité des Arts
Abidjan-Cocody
03 BP 1588 Abidjan
espace_harmattan.ci@hotmail.fr

L'Harmattan Algérie
22, rue Moulay-Mohamed
31000 Oran
info2@harmattan-algerie.com

L'Harmattan Maroc
5, rue Ferrane-Kouicha, Talaâ-Elkbira
Chrableyine, Fès-Médine
30000 Fès
harmattan.maroc@gmail.com

Nos librairies en France

Librairie internationale
16, rue des Écoles – 75005 Paris
librairie.internationale@harmattan.fr
01 40 46 79 11
www.librairieharmattan.com

Librairie l'Espace Harmattan
21 bis, rue des Écoles – 75005 Paris
librairie.espace@harmattan.fr
01 43 29 49 42

Lib. sciences humaines & histoire
21, rue des Écoles – 75005 Paris
librairie.sh@harmattan.fr
01 46 34 13 71
www.librairieharmattansh.com

Lib. Méditerranée & Moyen-Orient
7, rue des Carmes – 75005 Paris
librairie.mediterranee@harmattan.fr
01 43 29 71 15

Librairie Le Lucernaire
53, rue Notre-Dame-des-Champs – 75006 Paris
librairie@lucernaire.fr
01 42 22 67 13

www.ingramcontent.com/pod-product-compliance
Lightning Source LLC
LaVergne TN
LVHW050641051026
849532LV00002B/481
* 9 7 8 2 3 4 3 1 9 1 1 0 2 *